KB211917

원당암 달마선원에서 법문하시는 혜암 큰스님.

원당암 경내에서.

종정교시 신도 계첩을 준비하는 혜암 큰스님.

전국승려대회 때의 혜암 큰스님.

일본 순례 중인 혜암 큰스님.

중국 남화선사에서.

대한불교조계종 원로회의를 마치고.

해인총림 제6대 혜암성관 대종사 방장 추대식.

대한불교조계종 제10대 종정 추대식.

혜암 큰스님 영결식.

해인사 원당암 전경.

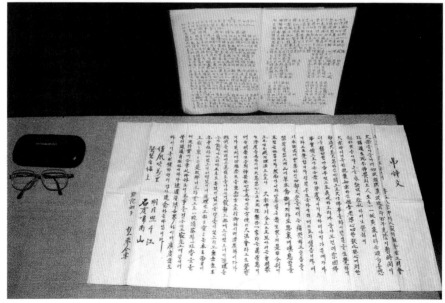

혜암 큰스님의 친필.

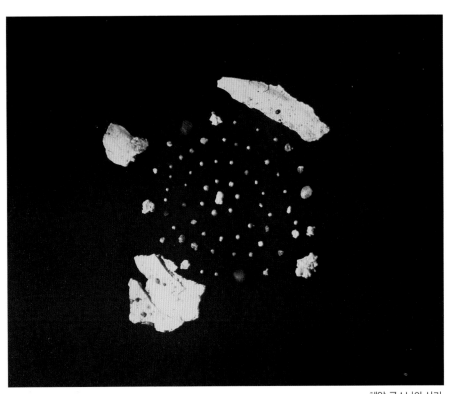

혜암 큰스님의 사리.

혜암 큰스님 행적비.

혜암 큰스님 사리탑.

스승 혜암

스승 혜암

1판 1쇄 발행 2018. 4. 30.
1판 5쇄 발행 2021. 5. 26.

지은이 혜암선사문화진흥회
대담자 유철주

발행인 고세규
편집 태호·고정용 | 디자인 조명이
발행처 김영사
등록 1979년 5월 17일(제406-2003-036호)
주소 경기도 파주시 문발로 197(문발동) 우편번호 10881
전화 마케팅부 031)955-3100, 편집부 031)955-3200 | 팩스 031)955-3111

값은 뒤표지에 있습니다.
ISBN 978-89-349-8147-3 03220
홈페이지 www.gimmyoung.com   블로그 blog.naver.com/gybook
인스타그램 instagram.com/gimmyoung   이메일 bestbook@gimmyoung.com

좋은 독자가 좋은 책을 만듭니다.
김영사는 독자 여러분의 의견에 항상 귀 기울이고 있습니다.

이 도서의 국립중앙도서관 출판시도서목록(CIP)은 서지정보유통지원시스템 홈페이지 (http://
seoji.nl.go.kr)와 국가자료공동목록시스템(http://www.nl.go.kr/kolisnet)에서 이용하실 수
있습니다.(CIP제어번호 : 2018011976)

스승 혜암

혜암선사문화진흥회 지음
유철주 대담

김영사

발간사

우리 시대의 인천의 사표이시며, 가야산 대쪽으로 불리는 혜암성관 대종사는 본분종사로서 높고 깊은 수행자의 표징을 남기셨습니다. 혜암 큰스님은 직지인심 견성성불을 통한 인간의 행복과 자유를 우리에게 실참으로 제시하시고, 마음 밖에 선이 없으며 마음 안에 선이 없음을 아는 공부를 통해 세상에서 제일 수지맞는 장사를 할 것을 사부대중들에게 권하셨습니다. 그리하여 '공부하다 죽어라'라는 평생의 숙제를 우리에게 던져주셨습니다.

"내 마음이 나를 해치고 있는데 무슨 행복이 있고 자유가 있고 성불이 있겠는가. 인간은 다 죽습니다. 죽음이 다가오고 있다는 것을 잠시라도 잊지 말고 내 마음을 지키고 닦을 때 내가 성인이 됩니다. 지금 우리가 꿈세상에서 꿈을 꾸고 있는 미혹한 중생일진대, 꿈

스승 혜암

인 줄도 모르고 자기가 미혹한 줄도 모르고, 속눈썹을 못 보는 것처럼 주인을 못 보고 있으면서 중생들은 보이는 것을 주인으로 삼고 번뇌망상을 처妻로 삼으니 고생일 수밖에 없습니다. 참 모습을 찾는 것이 견성입니다. 이 세상에서 제일 수지맞는 일 중 하나가 공부하다 죽는 일입니다. 목숨 내놓고 정진하다 보면 견성이 가까워옵니다. 공부하다 죽어라."

한국 현대불교사의 새로운 좌표를 제시하고 시대를 앞서간 한국 불교 선지식 혜암 큰스님의 사상과 유훈을 계승하여 우리는 그 '공부'의 웅숭깊은 의미를 터득해야 합니다.

큰스님을 가까이 모셨던 스님들과 재가자들의 체험과 증언을 통해 큰스님의 면모와 가르침을 더욱 생생히 접하고 '스승 부재'의 오늘날 혜암 큰스님의 가르침을 깊이 되새겨 자비와 겸양의 인간 본래 모습으로 돌아가 부디 '나'를 찾기 바랍니다.

2020년 혜암 큰스님 탄신 100주년을 준비하면서, 큰스님과 인연을 맺은 제자 및 대덕스님들과 재가자 등 25인이 밝히는 큰스님의 사상과 수행, 가르침을 재조명하고 일반 대중에게 귀한 가르침을 널리 전하기 위해 이 책을 펴냅니다.

2018년 4월
사단법인 혜암선사문화진흥회 이사장 성법 합장

일천 강에 달이 되어 나투시니

———

一月普現一切水 일월보현일체수
一切水月一月攝 일체수월일월섭

하나의 달은 모든 물에 두루 나타나며
모든 물의 달을 하늘의 한 달이 포섭하는구나.

월인천강月印千江이라고 했습니다. 하늘의 달은 하나이지만 비치는 모양은 강마다 차이가 있습니다. 맹인모상盲人摸象이란 말도 생각납니다. 장님의 코끼리 더듬기처럼 각자 만져본 손으로 그 모습을 상상합니다. 하지만 그것을 합친다면 코끼리의 전체 모습을 짐작할 수 있을 것입니다. 그래서 스물다섯 강에 비친 달을 통해 노사老師의 전체 모습을 헤아려보고자 합니다.

노사께서는 '정진'을 제일의 살림살이로 여기셨습니다. 그래서 밥 먹는 시간을 아껴 정진하기 위해 하루 한 끼만 드시는 일종식—種食을 하시고, 잠자는 시간을 아껴 정진하기 위해 눕지 않고 항상 앉아있는 장좌불와長座不臥를 하신 것입니다. 사람 몸 받기도 어렵거니와 바른 진리[正法]를 만나기는 더더욱 어렵습니다. 그래서 '공부하다 죽어라'라는 일갈—喝을 내지르신 것입니다. 우리가 제대로 사는 길은 오직 수행뿐임을 이렇게 역설적으로 말씀하신 것이라 여겨집니다.

바깥에 있는 적은 눈에 보이므로 무찌르기 쉽습니다. 하지만 안에 있는 적은 보이지 않기 때문에 항복받기가 참으로 어렵습니다. 당신께서는 팔만사천 번뇌라는 내면세계의 적군을 물리치는 가장 좋은 방법은 화두정진밖에 없다고 믿으셨습니다. 그래서 설사 출가한 지 백 년이 되었다고 할지라도 참선공부를 하지 않는 사람은 법랍이 없는 것과 마찬가지라 하시면서 오직 참선으로 평생을 사셨던 것입니다.

손수 양말을 꿰매고 호미질을 하며 장작을 패고 풀을 베고 산길을 넓히셨습니다. 깔끔하게 도량 주변을 정리하는 것은 번뇌 제거를 위한 또 다른 수행방편이었습니다. 정진 아니면 일, 일 아니면 정진으로 일관하셨습니다. 두타제일 가섭 존자를 떠올리게 하는 삶입니다.

작은 체구에 마른 몸이지만 온몸은 빛이 났습니다. 맑은 눈빛과 청정무구함은 그대로 천진불天眞佛이셨습니다. 그럼에도 해인총림과 조계종단이 어려울 때는 강단 있는 결단력으로 호법신장이 되어 파사현정破邪顯正의 정신으로 정법을 수호하는 데 신명을 아끼지 않으셨습니다. 말씀은 도道에서 벗어남이 없었고 행동은 율의律儀에 한 치도 어긋남이 없으셨습니다. 동시에 자비로움까지 갖춘 보살이셨습니다.

당신은 비바람만 가려주는 지붕만 있으면 그곳이 정진도량이라 여겼으며 추위와 더위에 아랑곳하지 않으셨습니다. 하지만 집 없는 사문沙門들을 위해 부처님께서 죽림정사를 지으신 것처럼, "집이 있어야 사람이 온다"는 믿음으로 집 짓는 불사도 마다하지 않으셨습니다. 그 집 안에서 수많은 사부대중과 함께 늘 정진하셨습니다. 대중을 위한 일이라면 무엇이건 마다하지 않았고 보시와 탁발까지 자청하셨습니다. 출가재가를 구별하지 않고 사부대중 외호를 위해 늘 최선을 다하신 것입니다.

이영심진以影尋眞입니다. 이 한 권의 책이 그림자 되어 노사의 참 모습을 찾아가는 방편이 되길 바랄 뿐입니다. 인터뷰에 응해주신 모든 선지식과 취재와 원고정리에 힘써준 유철주 작가 그리고 한 권의 책을 위해 노고를 아끼지 않은 출판 관계자들께 감사 말씀 올립니다.

좋은 마음으로 만들었지만 오히려 이 책이 노사의 진면목을 가리지 않길 바라면서 당신의 말씀을 떠올립니다.

百戰百勝 不如一忍 백전백승 불여일인
萬言萬當 不似一黙 만언만당 불사일묵

백 번 싸워 백 번 이기더라도 한 번 참는 것만 못하고
만 번 옳은 말을 할지라도 한 번 침묵하는 것만 못하다.

2018년 4월
해인총림 방장 원각 합장

혜암성관慧菴性觀 대종사大宗師 행장行狀

큰스님께서는 1920년 3월 22일 전남 장성군 장성읍 덕진리 720번지에서 김해 김金씨 가문에서 탄생하셨습니다. 부친은 김원태金元泰이시고 모친은 금성 정丁씨이시며 속명은 남영南榮이라 하였습니다.

　14세에 장성읍 성산보통학교를 졸업하고 동리의 향숙鄕塾에서 사서삼경四書三經을 수학受學한 후 제자백가諸子百家를 열람閱覽하였으며 특히 불교경전과 위인전을 즐겨 읽으셨습니다. 17세에 일본으로 유학하여 동·서양의 종교와 철학을 공부하던 중 어록을 보시다가,

　我有一卷經 아유일권경
　不因紙墨成 불인지묵성
　展開無一字 전개무일자
　常放大光明 상방대광명

나에게 한 권의 경전이 있으니

종이와 먹으로 이루어지지 아니하였네.

펼치면 한 글자도 없으되

항상 큰 광명을 놓도다.

하는 구절에 이르러 홀연히 발심하여 출가를 결심하고 귀국하셨습니다.

1946년(27세)에 합천 가야산 해인사에 입산 출가하여 인곡麟谷 스님을 은사로, 효봉曉峰 스님을 계사로 하여 수계득도受戒得度하였으니, '성관性觀'이라는 법명을 받으셨습니다. 그리고 가야총림 선원에서 효봉 스님을 모시고 일일일식一日一食과 장좌불와長坐不臥를 하며 첫 안거를 하셨습니다.

1947년(28세), 문경 봉암사에서 성철, 우봉, 자운, 보문, 도우, 법전, 일도 스님 등 20여 납자와 더불어 '부처님 법대로 살자'는 '봉암사 결사'를 시작하셨습니다.

1948년(29세)에 해인사에서 상월霜月 스님을 계사로 비구계를 수지하였으며, 오대산 상원사 선원에서 안거를 하셨습니다.

1949년(30세)에는 범어사에서 동산東山 스님을 계사로 보살계를 수지하였으며 가야총림 선원, 금정산 범어사 선원 등에서 안거를 하셨습니다.

1951년(32세), 해인사 장경각에서 은사이신 인곡 스님께서 묻기를,

如何是達磨隻履之消息 여하시달마척리지소식

金烏夜半西峰出 금오야반서봉출

如何是維摩杜口之消息 여하시유마두구지소식

青山自青山白雲自白雲 청산자청산백운자백운

汝亦如是吾亦如是 여역여시오역여시

"어떤 것이 달마 대사가 한쪽 신을 둘러메고 간 소식인고?" 하시니

"한밤중에 해가 서쪽 봉우리에 떠오릅니다"라고 대답하였습니다.

또 "어떤 것이 유마힐이 침묵한 소식인고?" 하시자

"청산은 스스로 청산이요, 백운은 스스로 백운입니다"라고 답하니,

인곡 스님께서 "너도 또한 그러하고 나도 또한 그러하다" 하시며,

只此一段事 지차일단사

古今傳與授 고금전여수

無頭亦無尾 무두역무미

分身千百億 분신천백억

다만 이 한 가지 일을

고금에 전해주니

머리도 꼬리도 없으되

천백억 화신으로 나투느니라.

하시고 '慧菴혜암'이라는 법호를 내리셨습니다.

이후 통영 안정사 천제굴闡提窟, 설악산 오세암五歲庵, 오대산 서대西臺, 태백산 동암東庵 등지에서 목숨을 돌아보지 아니하고 더욱 고행정진苦行精進하셨습니다.

1957년(38세), 오대산 영감사 토굴에서 용맹정진하던 중, 주야불분晝夜不分하고 의단疑團이 독로獨露하더니, 홀연히 심안心眼이 활개豁開하여 오도송悟道頌을 읊으셨습니다.

迷則生滅心 미즉생멸심

悟來眞如性 오래진여성

迷悟俱打了 미오구타료

日出乾坤明 일출건곤명

미혹할 땐 나고 죽더니

깨달으니 청정법신이네.

미혹과 깨달음 모두 쳐부수니

해가 돋아 하늘과 땅이 밝도다.

이로부터 오대산 오대五臺, 동화사 금당선원, 통도사 극락암 선원, 묘관음사 선원, 천축사 무문관無門關 등 제방선원에 나아가 더욱 탁마장양琢磨長養하셨습니다.

1967년(48세)에 해인총림 유나維那를, 1970년(51세)에는 대중의 간청에 따라 해인사 주지를 잠시 역임하기도 하셨습니다.

1971년(52세), 통도사 극락암 선원에서 동안거 중에 경봉 조실스님께서 '峰通紅中空봉통홍중공'의 운자韻字에 맞추어 심경心境을 이르라고 하시니 다음과 같은 게송을 지으셨습니다.

靈山會上靈鷲峰 영산회상영축봉
萬里無雲萬里通 만리무운만리통
世尊拈花一枝花 세존염화일지화
歷千劫而長今紅 역천겁이장금홍
拈花當時吾見參 염화당시오견참
一棒打殺投火中 일방타살투화중
本來無物亡言語 본래무물망언어
天眞自性空不空 천진자성공불공

영산회상의 영축봉이여!
구름 한 점 없으니 만 리에 통했도다.
세존께서 들어 보인 한 송이 꽃은
미래제가 다하도록 길이 붉으리라.
꽃을 드실 때 내가 보았다면
한 방망이로 때려 죽여 불 속에 던졌으리.
본래 한 물건도 없어 언어마저 끊겼으니
천진한 본래 성품 공마저 벗어났네.

1976년(57세), 지리산 칠불암七佛庵 운상선원雲上禪院을 중수重修할 때 먼지 속에서 작업 도중에 홀연히 청색사자를 탄 문수보살文殊菩

薩을 친견하고 게송으로 수기授記를 받으셨습니다.

塵凸心金剛劂 진철심금강마
照見蓮攝顧悲 조견연섭고비

때 묻은 뾰쪽한 마음을 금강검으로 베어내서
연꽃을 비추어 보아 자비로써 중생을 섭화하여 보살피라.

1979년(60세) 해인사 조사전에서 3년 결사를 시작하여 71세까지 대중과 함께 정진하면서 유나維那, 수좌首座, 부방장副方丈으로서 해인총림의 발전과 총림대중의 용맹정진 가풍진작을 위하여 진력하심에 후학들의 존경과 흠모가 항상 뒤따랐습니다.

특히 스님께서는 출가 이후 가야산 해인사 선원, 희양산 봉암사 선원, 오대산 상원사 선원, 금정산 범어사 선원, 영축산 극락암 선원, 지리산 상무주암, 조계산 송광사 선원 등 제방선원에서 당대 선지식인 한암, 효봉, 동산, 경봉, 전강 선사를 모시고 45년 동안 일일일식과 오후불식, 장좌불와 용맹정진을 하며 오로지 참선수행으로 초지일관하셨으니 그 위법망구爲法忘軀의 두타고행頭陀苦行은 가히 본분납자本分衲子의 귀감龜鑑이요, 계율이 청정함은 인천人天의 사표師表라 아니할 수 없습니다.

1987년(68세) 조계종 원로의원으로 선임되었으며, 1994년(75세)에 원로회의 의장으로 추대되셨습니다.

1993년(74세) 11월, 당시 조계종 종정이자 해인총림 방장이셨던 성철 대종사께서 열반에 드심에, 뒤를 이어 해인총림 제6대 방장에 추대되어 500여 총림대중의 정신적 지도자로서 역할을 다하셨습니다.

특히 선원대중에게는 오후불식을 여법히 지키도록 하고 "공부하다 죽어라" "밥을 적게 먹어라" "안으로 부지런히 정진하고 밖으로 남을 도와라" 하시며 납자衲子로서 철저히 참선수행할 것을 강조하셨습니다.

1994년 조계종 개혁불사와 1998년 종단사태 시에는 원로회의 의장으로서 모든 종도의 의지처와 정신적 지주가 되어주셨습니다. 일생을 청정한 계행과 철저한 두타행으로 수행정진하신 큰스님께서는 1999년(80세) 4월 조계종 제10대 종정에 추대되어 종단의 안정과 화합을 위하여 심혈을 기울이셨습니다.

2001년(82세) 12월 31일 오전, 해인사 원당암 미소굴에서 문도들을 모아놓고 "인과가 역연歷然하니 참선 잘 해라"고 당부하신 후 임종게를 수서手書하시되,

我身本非有 아신본비유
心亦無所住 심역무소주
鐵牛含月走 철우함월주
石獅大哮吼 석사대효후

나의 몸은 본래 없는 것이요
마음 또한 머물 바 없도다.

무쇠소는 달을 물고 달아나고
돌사자는 소리 높여 부르짖도다.

라고 하시고 편안히 열반에 드시니, 세수世壽는 82세가 되고 법랍法
臘은 56년이십니다.
　2002년 1월 6일 해인사에서 5만여 사부대중이 운집하여 영결식
을 종단장으로 엄숙히 거행하고 다비를 봉행하니, 86과의 오색영롱
한 사리가 출현하였습니다.

혜암대종사문도회 합장

"두 번이나 종단을 구한
호법신장"

_조계종 원로의원 월주 스님

평생 '깨달음의 사회화'를 주창하고 실천해 온 조계종 원로의원 월주 스님. 불교 개혁과 참여불교운동의 주역이자 상징으로 평가되는 월주 스님은 이타행利他行을 통해 대중의 고통을 덜어주기 위해 진력해 왔다.

"佛法在世間 不離世間覺 離世覓菩提 恰如求兎角(불법재세간 불리세간각 이세멱보리 흡여구토각) – 불법은 세간에 있고 세간을 떠난 깨달음은 없다. 세간을 떠나 도를 찾는 것은 흡사 토끼 뿔을 구하는 것 같다."
"歸一心源 饒益衆生(귀일심원 요익중생) – 마음의 근본을 깨닫고 일체중생을 이롭게 하라."
"天地與我同根 萬物與我一體(천지여아동근 만물여아일체) – 천지와 나는 같은 뿌리요 만물은 나와 한몸이다."

월주 스님이 항상 강조하는 말씀이다. 스님의 삶 자체가 세 가지 경구 속에 스며들어 있다.

불법은 세간에 있다

월주 스님은 금오 스님 회상에서 출가한 후, 1961년 스물일곱의 나이에 김제 금산사 주지를 맡은 것을 비롯해 조계종 중앙종회의원, 동국대 이사, 총무원 총무부장, 중앙종회의장 등을 역임하고 1980년 제17대 총무원장에 취임해 불교자주화를 위해 노력하는 등 정화불사와 불교중흥을 위해 헌신해 왔다.

경실련 공동대표, 공명선거실천시민연합 상임공동대표, 불교인권위원회 공동대표를 지내며 한국 사회의 건강한 변화에 앞장섰다. 1994년에는 개혁종단 첫 총무원장으로 취임해 종단발전의 기틀을

총무원장 시절 원로회의에 참석한 월주 스님.

마련했다. 지금도 함께 일하는 재단 이사장, 나눔의 집 이사장, 지구촌공생회 이사장으로 활동하며 보현행원을 실천하고 있다.

한국불교 사회화와 개혁의 상징인 월주 스님을 서울 영화사에서 만났다. 80대를 훌쩍 넘겼다는 생각이 안 들 정도로 정정한 모습의 월주 스님은 "미수米壽(88세) 때까지는 계속 활동할 거예요. 건강하면 더 해야지"라며 환한 웃음을 보였다.

가져간 책 한 권을 선물하자 책에 등장하는 스님들과의 아주 오래된 과거 인연까지 구체적으로 설명했다. 몇 년 전 부처님오신날 특집 인터뷰를 할 때도 사안 사안의 구체적 수치까지 제시하던 모습이 다시 떠올랐다.

"김제 금산사와 서울 영화사에 주로 머물지만 지금도 1년에 3번 정도는 해외 현장을 둘러보러 나갑니다. 지구촌공생회가 세계 각국에서 우물을 파고 학교를 짓고 있기 때문에 계속 점검을 해야 해요. 어려운 환경에 살고 있는 세계 이웃들에게 작은 도움을 줄 수 있는 것이 저에게는 큰 기쁨입니다. 그들을 만나면서 환희심과 행복과 평화로움을 느낍니다."

스님이 아직도 현역으로 뛰며 이끌고 있는 지구촌공생회는 모두가 함께 행복한 지구촌을 만들고자 월주 스님이 2003년 10월 30일 창립한 국제개발구호 NGO다.

지구촌공생회는 창립 이후 네팔, 라오스, 몽골, 미얀마, 스리랑카, 캄보디아, 케냐 총 7개국에서 식수지원, 교육지원, 지역개발, 지뢰제거사업 등을 진행해 왔다.

"1980년 총무원장에서 강압적으로 물러난 뒤 미국에서 3년을 보냈고 유럽, 동남아, 인도 성지를 둘러봤어요. 제가 가서 본 대부분의 나라에서 종교가 장애인·노인 복지사업을 하더군요. 또 학교와 고아원, 양로원 등을 운영하는 데 큰 충격을 받았습니다. 그래서 오랜 준비 기간을 거쳐 지구촌공생회를 만들었습니다. 공생회는 현재 우물 2,400여 개, 학교는 70여 개를 지었고 케냐와 몽골에는 사회적 기업과 농장을 만들었습니다. 라오스와 네팔에는 청소년센터를 만들어 직업교육도 시키고 있습니다."

월주 스님은 "한국불교는 기복에 젖어있고 가람수호와 사찰관리에 급급해 왔다"며 "승려가 출세간적으로 산중에만 머물면 안 된다. 이웃 대중과 함께 살아가야 한다"고 강조했다.

"수행과 기도도 중요하지만 중생의 고통을 덜어주고 즐거움을 주어 삶의 질을 높이는 보현행원과 보살행의 덕목을 중시하며 살았

라오스 던눈 공생유치원 아이들에게 격려말씀을 전하고 있는 월주 스님.

습니다. 보현행원의 십대원 가운데 수순중생隨順衆生, 광수공양廣修供養, 보개회향普皆迴向은 지금의 한국불교에 꼭 필요한 덕목입니다."

근황에 이어 본격적으로 월주 스님과 혜암 스님의 인연을 듣기 시작했다. 두 스님은 한국 현대불교의 거대한 산과 같았다.

금오 스님도 인정한 혜암 스님의 수행 열정

"저는 보은 법주사로 출가해 1954년 3월 법주사에서 금오 큰스님을 계사로 사미계를, 1956년 10월 화엄사에서 금오 큰스님을 계사로 구족계를 받았습니다. 강원을 마치고 선방에서 정진하다 1961년부터 금산사 주지소임을 맡았습니다.

아마 그때가 1963년 즈음이 아닐까 싶은데 혜암 큰스님께서 금산사에 오셨습니다. 지리산 상무주암에서 정진하다 실상사를 비롯한 지리산 권역 몇 개 사찰을 둘러보고 금산사까지 오셨습니다.

그때 처음 큰스님을 뵈었는데 일종식一種食과 장좌불와長坐不臥를 하셔서인지 작고 깡마른 모습이었지만 눈빛은 형형하셨습니다. 간절한 수행자의 모습 그 자체셨습니다. 큰스님께서는 상무주에서 3년 정진하다 왔다고 하셨어요.

이야기를 하면서 제가 금오 큰스님 상좌라고 하니 너무 반가워하시면서 금오 큰스님과 관련한 말씀을 많이 해주셨습니다. 그렇게 처음 인연이 되었고 그 후에도 가끔 큰스님을 만날 수 있었습니다."

월주 스님의 은사인 금오 스님은 현대불교를 대표하는 선지식이다. 효봉, 동산, 인곡, 청담 스님 등과 함께 불교정화운동에 앞장섰다.

"금오 큰스님께서는 수행에 있어서는 둘째가라면 서러워하실 분이죠. 오직 참선을 주창하고 또 누구보다 열심히 수행해서 견성見性하셨습니다. 나중에 은사스님께 혜암 큰스님에 대한 얘기를 들은 적이 있습니다. 은사스님께서는 저에게도 여러 번 '혜암 스님이 공부를 잘한다'고 말씀하셨습니다.

언젠가 혜암 큰스님께서도 은사스님과의 일화를 전해주셨습니다. 은사스님께서 대구 동화사의 한 암자에서 정진하고 계실 때였습니다. 처음 가셨을 때 그 암자에서는 조그만 부처님을 한 분 모시고 있었습니다. 시간이 흘러 정식으로 점안식을 하려는데 마침 혜암 큰스님께서 그 암자에 가셨다고 합니다. 은사스님께서 '부처님 모시려는데, 우리 애기 부처가 또 오셨구만'이라고 하며 엄청 좋아하셨다고 합니다. 이미 제방에서는 혜암 큰스님께서 정진을 잘하신다고 소문이 나있던 터라 은사스님께서는 너무 반가워하며 옆에 앉아서 같이 점안을 하자고 했다고 하셨습니다."

월주 스님은 혜암 스님과 깨달음을 주제로 이야기를 나눈 적도 있다고 한다.

"제가 큰스님께 '깨달으셨냐?'고 감히 여쭌 적이 있어요. 그때 큰스님께서는 '수행으로 유명한 도인인 금오 큰스님으로부터 공부를 잘하고 있다는 말을 들은 적이 있다'고만 하셨습니다. 종단을 대표하는 선승이셨지만 깨달음에 대해 함부로 언급하지 않으셨던 모습이 인상적이었습니다. 깨달은 분들은 누구한테 깨달았다고 하지 않습니다."

배사자립의 정신으로 종단개혁

월주 스님은 그렇게 혜암 스님과 인연을 맺은 후 계속해서 만남을 이어갔다. 월주 스님은 앞서 전한 대로 정화불사와 포교에 매진했고 혜암 스님은 제방에서 수행에 진력했다. 두 스님이 본격적으로 마음을 모은 것은 1994년 종단개혁 때다.

"1970년대 말에 뵈었을 때도 혜암 큰스님께서는 종단개혁을 강조하셨습니다. 종단이 부패하면 안 된다며 정화와 개혁의 필요성을 역설하셨어요. 평생 선방에 계셨지만 종단 상황을 누구보다 잘 알고 계셨습니다. 그런 상황에서 1994년 개혁의 흐름도 꿰뚫어 보셨습니다.

1994년 개혁은 당시 총무원장 서의현 스님의 3선 강행으로 촉발되었습니다. 이에 맞서 혜암 큰스님을 필두로 한 원로스님 열한 분은 3선 개헌 무효와 총무원장의 즉각 퇴진을 주장하셨습니다. 이와 함께 전국승려대회 소집을 의결했습니다. 의현 스님은 원로스님들의 결의는 무효이고 승려대회 개최도 금지하라는 종정 서암 스님의 교시로 맞섰습니다. 결국 4월 10일에 조계사 앞에서 2,500여 명이 참여하는 전국승려대회가 열려 종정 불신임과 총무원장의 멸빈, 개혁회의 출범을 결의했습니다. 승려대회에서 거침없는 사자후를 토하며 구습의 척결을 통한 종단의 쇄신을 천명하고 대중의 폭넓은 지지를 끌어내시던 혜암 큰스님의 모습이 생생합니다.

개혁 과정에서 혜암 큰스님의 역할은 지대했습니다. 온갖 회유와 협박에 절대 굴하지 않으셨어요. 큰스님을 비롯해 종단개혁에 동참한 스님들이 단식 정진을 하던 어느 날, 어떤 스님이 '종정을 하실 분이 여기서 이러시면 안 된다'고 했다가 큰스님께 호된 경책을 들

었습니다. 종정이라는 자리로 큰스님을 회유하려 했던 것이죠. 큰
스님께서는 '단식도 힘든데 자네의 그런 말이 나를 더 괴롭게 하네'
라며 혼내셨습니다. 전에도 그랬지만 큰스님은 수좌로서의 강단과
기개가 대단하셨습니다. 큰스님이 안 계셨다면 아마 1994년 개혁
은 물거품이 됐을 것입니다.

　그해 11월 21일에 열린 선거에서 저는 제28대 총무원장에 당선
됐습니다. 23일에 원로회의가 열렸는데 그때도 혜암 큰스님께 저를
인준하지 말라는 엄청난 압력이 있었다고 합니다. 큰스님께서는 절
차를 통해 당선된 총무원장을 인준해야 한다고 하셨습니다."

　총무원장에 취임한 월주 스님은 원로의장에 추대된 혜암 스님을
모시고 종단개혁을 진행했다. 차츰 종단이 안정되면서 도약의 발판

제28대 총무원장 취임식장으로 향하는 혜암 스님과 월주 스님.

이 만들어지기 시작했지만, 다시 내홍이 시작됐다.

"1998년 종단분규 때에도 큰스님의 역할이 컸습니다. 큰스님께서는 1998년 정화개혁회의의 청사 점거와 폭력 사태 속에서도 원로회의 의장으로 종헌종법의 수호를 위해 앞장서셨습니다. 여러 가지 사정이 생기면서 결국 제가 사표를 내고 큰스님께 전화를 드렸더니 '종단을 위해 큰 불사를 했다'고 격려말씀을 해주셨습니다.

원로스님을 대표하는 상징적 존재였던 혜암 큰스님의 거취가 무엇보다 중요했는데, 만약 큰스님께서 그때 다른 입장을 취하셨다면 종단이 어디로 갔을지 예측하기 어렵습니다. 큰스님은 중요한 고비마다 빠르게 결단을 내렸고, 일단 결정하면 단호하셨습니다. 당시 큰스님의 말씀이 생각납니다.

'배사자립背師自立, 스승이라도 그르다면 따를 수 없습니다. 개혁의 내용을 담은 종헌종법은 밥입니다. 이를 지키지 않으면 종단이 생명을 지탱할 수 없습니다.'

큰스님께서는 이런 신념을 가졌던 어른이세요. 밥을 먹지 않으면 생명을 지탱할 수 없기 때문에 종헌종법은 밥이라고 말씀하신 것입니다. 그러므로 종정스님의 말씀이라도 대의에 어긋나고 종헌종법 절차에 위배되면 따를 수 없다는 뜻이 담겨있습니다."

월주 스님은 혜암 스님과 역사의 현장에 같이 있었다. 그래서 혜암 스님의 강력한 종단개혁 의지를 누구보다 잘 알고 있다.

"혜암 큰스님께서는 1950년대와 1960년대 종단정화 불사가 진행될 때는 선방이나 토굴에서 정진을 하셨습니다. 정화에 직접 참여하신 것은 아닌 것 같습니다. 그럼에도 종단정화와 개혁에 대한

조계사에서 열린 부처님오신날 봉축법요식에서 예를 올리고 있는
당시 원로의장 혜암 스님과 총무원장 월주 스님.

의지는 어느 누구 못지않으셨어요. 아마도 큰스님께서 스승 인곡
노스님의 영향을 받으신 것이 아닌가 싶습니다. 동산 노스님 등 혜
암 큰스님 문중어른들께서 정화에 적극적으로 참여하셨거든요.”

월주 스님은 “사석에서 혜암 큰스님은 ‘1994년이나 1998년 당시,
나중에 내가 해를 입을 수도 있었지만 삿된 것을 보고 그대로 앉아
있을 수 없었다’는 말씀을 여러 번 하셨다”며 “오직 옳고 바른 길을
가고자 했던 큰스님의 가르침이 정말 감사하다”고 말했다.

월주 스님은 또렷한 기억으로 혜암 스님을 회고했다. “종도들의
울타리가 되어준 어른이 계셔서 정말 든든했다”고 했다.

“혜암 큰스님은 한국불교의 청정수행가풍을 되살린 ‘봉암사 결

사'의 주역 가운데 한 분이셨습니다. 아울러 성철 큰스님을 이어 해인총림 해인사 방장과 조계종 종정을 지내시면서 수행풍토를 크게 진작하셨습니다. 또한 1994년 종단개혁 당시에는 사부대중을 이끌며 부패한 구체제를 무너뜨리는 데 크게 기여하셨습니다. 불퇴전의 수행력을 바탕으로 종단개혁의 기반을 다진 큰스님의 추진력은 참으로 놀라웠습니다. 혜암 큰스님은 이사理事가 무애無碍한 선지식의 표본으로 자리매김해, 지금껏 납자와 종도들의 올곧은 지남指南이 되고 있습니다."

스님에게 혜암 큰스님은 어떤 존재인가요?

혜암 큰스님의 일생은 정법正法을 향한 수행과 정법을 현실에 펼치기 위한 실천으로 점철되었습니다. 출가 이후 줄곧 이어온 일일일식一日一食과 장좌불와長坐不臥의 일상은 여전히 선객들에게 회자되고 있는 미담입니다. 지중했던 참선수행과 함께 청정지계淸淨持戒의 살아있는 전범典範이기도 했던 혜암 큰스님의 생애는 모름지기 수행자라면 마땅히 이래야 한다는 것을 생생히 보여주고 있습니다.

저는 근대 이후 한국불교에서 이理와 사事를 겸비한 스님을 몇 분 못 봤습니다. 큰스님은 이사를 겸비한 어른입니다. 만약 큰스님이 안 계셨다면 오늘날의 종단이 존재할 수 있을까 하는 근본적인 의문이 듭니다.

혜암 큰스님은 저를 비롯한 모든 종도의 든든한 호법신장으로서 우리 불교사에 기록될 것입니다.

"종단사에 길이 남을
소중한 지도자"

_조계종 총무원장 설정 스님

"불교다운 불교, 존경받는 불교, 신심 나는 불교. 사부대중이 꿈꾸면 불교가 달라집니다. 잘하고 있는 것은 더 잘하도록 하고, 고칠 것은 고칠 것이며, 바꿀 것은 과감히 바꿀 것입니다. 청정승가의 진면목은 반드시 드러날 것이며, 우리 불교의 저력은 시방세계를 두루 덮을 것입니다."

2017년 11월 1일 조계사에서 각계각층의 불자와 시민 1만 5천여 명이 참석한 가운데 열린 취임법회에서 제35대 조계종 총무원장 설정 스님은 '불교다운 불교'를 강조했다.

설정 스님은 종단 운영과 관련해 수행가풍과 승풍 진작, 교구 중심제 강화, 대중공사에 기초한 종단 쇄신, 종무행정 시스템 개선 및 종단재정 안정화, 전통문화에 대한 획기적 국가정책 수립, 승려복지 시스템 확대, 승려교육 체계화 및 전문 인재 양성, 포교정책의

총무원장 취임법회에서 예를 올리고 있는 설정 스님.

다각화·내실화, 한국불교 세계화, 종단의 사회적 역량 강화 및 대국민 신뢰 제고 등 10대 기조를 제시했다.

설정 스님은 취임 직후부터 조계종 종무행정을 챙기는 것은 물론 조계사를 비롯한 전국 사찰 초청 법문, 포항 지진 피해 현장 위로 방문, 문재인 대통령과 마이트리팔라 시리세나 스리랑카 대통령 접견 등 쉴 새 없는 일정을 소화하고 있었다.

덕숭산 정혜사 선원에서 '신심과 원력, 공심'을 강조하고 '승격僧格'을 역설하던 설정 스님을 총무원장 집무실에서 다시 만났다. 공간은 바뀌었지만 천진한 미소는 그대로였다. 스님은 "오랜만에 중앙종무기관 일을 다시 맡았다. 종무를 파악하느라 분주하다. 내 건강을 챙기는 것은 종도에 대한 도리가 아니다"라며 웃었다. 겨울 추위를 녹이는 따뜻한 차를 한 잔 나눈 뒤 본격적으로 설정 스님의 말씀을 듣기 시작했다. 수덕사가 출가본사지만 그 누구보다 큰 애정을 갖고 있는 해인사와의 인연부터 들었다.

온몸으로 지킨 가야산과 해인사

설정 스님은 만공 스님과 인연이 깊었던 부친의 영향으로 출가했다. 14살 때 부친의 생신 축원기도를 하러 왔다가 60년 넘게 귀가하지 않고 있다. 스님은 수덕사 주지와 조계종 중앙종회의장 등 사판事判의 여러 소임을 맡아본 후 선방으로 돌아왔고 2008년 열반한 스승 원담 스님에 이어 2009년 4월부터는 덕숭총림 수덕사 방장方丈으로서 대중을 이끌었다. 선교禪敎를 겸비한 어른으로 제방의 존경을 받고 있는 설정 스님은 젊은 시절 10여 년간 머물던 해인사에서의 정진이 훗날 수행의 밑거름이 되었다고 한다.

"1954년에 절에 왔습니다. 1년 정도 수덕사에서 행자생활을 하고 원담 큰스님을 은사로 모시고 계를 받았습니다. 다시 시간이 지나 열여섯에 정혜사로 갔습니다. 정혜사에는 조실 금봉 큰스님을 비롯해 전강, 금오, 송담, 탄성 큰스님 등이 계셨습니다. 또 대강백 강고봉 큰스님도 입승으로 계셨어요. 공양주를 하면서 금봉 큰스님께 받은 화두 '만법귀일 일귀하처萬法歸一 一歸何處'를 들었습니다. 그렇게 정진하다 금봉 큰스님께서 은사스님과 상의를 하시어 저를 강원에 가도록 하셨습니다. '불립문자不立文字' 가풍이 강한 수덕사에서 최초로 강원 학인이 되었습니다. 하하."

설정 스님은 어른들의 추천으로 관응 스님이 주석하던 직지사로 갔다. 현대불교의 대강백 관응 스님을 모시고 7개월 정도 공부했다.

설정 스님이 《선가귀감》의 내용을 칠판에 써놓으면 관응 스님이 들어와 강의를 하곤 했다.

"그러던 중 관응 큰스님께서 서울 중앙총림으로 가신다고 해 저도 같이 올라갔습니다. 그런데 어머니뻘 되는 보살님들이 자꾸 저를 양자로 삼겠다고 하세요. 관응 큰스님께서 보살님들을 말렸지만 오히려 보살님들 사이에서 경쟁이 붙었습니다. 결국 저는 중앙총림에서 나와야겠다는 생각을 했고 3개월 만에 강고봉 큰스님이 강주를 맡고 있던 해인사 강원에 갔습니다."

1959년이었다. 해인사는 듣던 대로 신심 나는 도량이었다. 팔만대장경이 모셔져 있는 장경각에 가면 도망갈 것 같던 신심과 원력이 솟구쳤다. '해인사에서 제대로 공부를 해보자'는 의지도 넘쳤다. 그러나 현실은 이상과 달랐다.

"그때 거의 모든 사찰이 다 어려웠습니다. 해인사도 마찬가지였습니다. 공양을 하면 반찬이 딱 3가지가 나왔습니다. 짠맛만 느낄 수 있는 공양이었습니다. 두부나 김 같은 것은 구경하기도 어려웠어요. 그래도 다들 도를 이루겠다고 열심히 살았습니다."

스님은 고봉 스님을 모시고 공부를 시작했다. 강원 입승 우룡 스님과 찰중 고산 스님도 든든한 버팀목이었다. 수덕사와 직지사 등에서 기본기를 잘 다졌기에 공부에 큰 어려움은 없었다. 스님의 공부는 강원 안보다 밖에서 깊어졌다.

해인사의 대중에게 시급했던 현안은 사찰의 논과 밭을 사수하는 것이었다. 특히 직접 농사를 짓지 않으면 농민에게 땅을 나눠주겠다는 정부의 '경자유전耕者有田' 방침으로 전국 사찰들이 입은 피해

가 이만저만이 아니었다. 그러나 해인사는 예외였다.

"당시 해인사 소유 논이 800마지기 정도 됐습니다. 가야면과 야로면 등에 있던 논에서 농민들과 육박전을 벌이며 논을 지켰습니다. 그때 듣기로 전국의 모든 사찰이 반강제적으로 많은 땅을 뺏겼는데 해인사만 탈이 없었다고 합니다. 그때 정말 열심히 지켰습니다. 저는 나이도 어리고 몸도 작았지만 선후배, 동기 학인스님들과 함께 오로지 부처님의 법을 수호해야 한다는 생각으로 뛰어다녔습니다."

가야산을 지키는 것도 중차대한 문제였다.

"학인들은 밤낮없이 산을 지켰습니다. 겨울에는 담요를 뒤집어쓰고 며칠씩 산에서 살았어요. 절 인근 지역 사람들과 부딪히는 일이 빈번했습니다. 온 힘을 다해 가야산을 외호했습니다. 지금도 가끔 가야산의 울창한 숲을 보면 그때가 많이 생각납니다."

잊을 수 없는 해인총림의 어른들

스님은 "산불 진압용 체력을 키우기 위해 경내에서 축구를 했었다. '해인사 축구부의 신화'는 그렇게 만들어진 것이다. 나중에 해인사를 찾는 사람들이 많아져 축구 장소를 옮겨야 했다. 그래서 학인들이 지금의 축구장을 삽과 괭이로 만들었다. 지금 축구장은 그때에 비하면 너무나 훌륭한 운동장이다"라며 웃었다.

설정 스님은 강원에서 공부하면서 앞서 전한 바와 같이 대중과 함께 가람수호에 진력했다. 또 공부를 하면서도 스님은 서울 개운사로 올라가 정화불사에 동참하고 부산 범어사, 법륜사 등에서 정진하는 시간을 갖기도 했다. 그러다 보니 강원 졸업도 늦어졌다. 스님보다 늦게 강원에 입학한 후배들은 스님보다 먼저 졸업을 해 선배 기수가 되었다.

"강원에서 사집四集을 배우던 중 고봉 큰스님께서 청암사로 가시고 지관 큰스님께서 강주로 오셨습니다. 그래서 지관 큰스님을 모시고 사집을 마쳤습니다. 사교四教와 대교大教 역시 지관 큰스님을 모시고 공부했습니다.

어려서부터 부친께 한학漢學을 공부해서인지 강원 공부가 그리 어렵지는 않았어요. 《화엄경》을 공부할 때는 도반들을 대신해 논강論講을 해주기도 했고 강사스님께 쉼 없이 질문을 드려 '그만해'라는 말씀도 많이 들었습니다. 하하. 공부를 할 때는 무엇보다 부처님 말씀을 온전히 자기 것으로 만들겠다는 의지와 열정이 중요합니다."

스님은 강원을 마치고 일종의 연구과정이라고 할 수 있는 수의과隨意科에 남아 '전등사서' 연찬에 집중했다. 수의과에서 공부를 하며 불조佛祖의 역사를 알 수 있었다고 한다.

설정 스님은 해인사에 머물면서 많은 어른을 가까이서 모셨다. "큰 복이 아닐 수 없었다"고 했다.

"자운 큰스님의 계율 정신, 운허 큰스님의 철저한 승려관, 지월 큰스님의 흐트러짐 없는 여법함, 영암 큰스님의 공심과 애종심, 지관 큰스님의 연구 원력 등은 학인들에게 큰 감동을 주었습니다. 그때 그 어른들을 보면서 저 역시 정말 많은 것을 배웠습니다."

스님은 해인 강원과 수의과를 마치고 대구 동화사 비로전으로 갔

1961년 해인강원 시절 서장을 마치면서 찍은 사진. 가운데가 강사 지관 스님.
왼쪽에서 두 번째가 설정 스님.

다. 군 입대를 앞두고 7일 기도를 올렸다. 군을 마치고도 여법한 수행자로 살 수 있게 해달라는 기도였다. 군 제대 후에도 스님은 수덕사가 아닌 해인사로 갔다고 한다. 1년여간 원당암에서 더 정진하고 나서야 해인사를 떠났다.

"약 10년 정도 해인사에 머물며 많은 공부를 할 수 있었습니다. 저의 종단관이나 수행관이 해인사에서 만들어졌습니다. 저를 비롯한 모든 대중이 혼신을 다해 가야산과 해인사를 지켰기 때문에 지금도 해인사에 무슨 일이 있다는 말이 들리면 제가 조마조마합니다. 하하."

공부신념이 확고했던 진짜 수좌

혜암 스님 역시 설정 스님이 만난 해인사 어른 중 한 명이다. 자연스럽게 혜암 스님 이야기로 화제를 돌렸다.

"1960년대 중반, 제가 해인사에 있을 때 혜암 큰스님은 중봉암에 계셨습니다. 큰스님이 중봉암에 들어가시기 전에는 정천 큰스님이 사셨어요. 정천 큰스님이 다른 선방으로 떠나 비어있던 암자에 혜암 큰스님이 들어가서 수행을 시작하셨습니다.

큰스님은 공부일념으로 토굴 생활을 하고 계셨어요. 하루는 큰스님께서 여러 가지 물건을 짊어지고 올라가는 모습을 봤습니다. 토굴 생활을 이어가기 위한 최소한의 식량과 물건들을 가지고 가셨습니다. 그 후 가끔 큰절에 오시면 멀리서나마 인사를 드렸습니다.

큰스님은 그때 이미 정진에 대해 결의에 찬 모습이었고 확고부동한 신념을 가지고 계셨습니다. 아마 그 전부터 그러셨을 거라고 생각합니다. 중봉암에서 진리를 위해 모든 것을 마다하시고 공부하시는 모습이 정말 거룩하게 보였습니다."

설정 스님은 해인사에서 수덕사로 돌아온 이후에도 가끔씩 혜암 스님을 만났다. 때로는 선방에서 같이 정진했고 또 때로는 다양한 법회에서도 자리를 같이했다.

"혜암 큰스님은 이런저런 모임에서도 자주 뵀습니다. 그때도 큰스님은 그 어떤 삭풍에도 당당하게 서있던 큰 나무 같은 모습이었습니다. 맑고 준엄하며 때로는 깊이 있는 단조로움을 느낄 수 있는 진짜 수좌의 모습 그대로였습니다."

1970년대 후반 설정 스님이 해인총림 선원에 동안거 방부를 들었다. 음력 12월 1일부터 8일까지 진행하는 용맹정진에도 당연히 참여했다.

"큰스님께서는 장좌불와長坐不臥를 하셔서인지 가끔 선방에서 조는 모습도 보이셨습니다. 대중이 돌아가면서 경책을 하는 해인사 선방에서 '드디어' 제 차례가 되었습니다. 저는 속으로 큰스님을 경책해 보겠다는 생각을 했어요. 그런데 큰스님은 제가 다가가면 졸고 있다가도 자세를 바로잡으셨습니다. 정말 어떻게 아시는지 신기하게 정좌正坐를 하셨습니다. 결국 저는 혜암 큰스님 경책을 한 번도 하지 못하고 용맹정진을 끝냈습니다. 하하."

설정 스님이 주지를 맡고 있던 때 혜암 스님은 여러 차례 수덕사를 찾았다. 설정 스님의 은사인 원담 스님을 만나기 위해서다. 혜암 스님과 원담 스님은 절친한 도반이었다.

"은사스님과 혜암, 성수 큰스님을 비롯한 선방 어른들의 도반 모

수덕사를 찾은 혜암 스님(왼쪽에서 네 번째)과 원담 스님(왼쪽에서 세 번째).

임이 있었습니다. 수덕사를 비롯한 여러 절에서 모임을 가지셨던 것으로 알고 있습니다. 수덕사에 오신 어른들이 밤새 이야기를 나누시던 모습을 여러 번 봤습니다. 종단 현안부터 시작해 당신들의 수행, 조사어록에 대한 말씀 등을 나누셨던 것 같아요.

은사스님께서는 '혜암 스님은 정말 올곧은 수행자다. 견처가 분명하며 평생 한눈팔지 않고 오로지 한길로 마음공부에 전념했던 선지식'이라고 저한테 여러 번 말씀하셨습니다. 혜암 큰스님 역시 '원담 스님은 만공 선사께 공부를 익힌 우리 시대의 훌륭한 선지식'이라고 직접 저에게 전하셨습니다. 두 어른은 서로를 신뢰하고 존경하는 사이였습니다."

혜암 스님과 원담 스님의 관계 때문인지 설정 스님은 해인총림 방장 원각 스님과도 가까운 인연을 맺고 있다.

"원각 스님은 혜암 큰스님의 법法을 이어받아 총림을 여법하게 이끌고 있습니다. 제방에서 열심히 수행하기로 유명했던 스님입니다. 원각 스님은 또 정말 호인好人입니다. 부드러우면서도 덕이 있는 방장이에요. 혜암 큰스님의 가르침을 제대로 이을 사람이 바로 원각 스님이라고 생각합니다."

공부 열정이 대단하셨던 어른

시간이 흘러 1994년 종단개혁이 시작되자 설정 스님은 다시 혜암 스님과 마음을 모았다. 1994년 종단개혁 당시 개혁회의 법제분과 위원장을 맡아 개혁입법을 진두지휘한 설정 스님은 특히 종단 정상화와 교육을 통한 승가의 질적 향상, 포교활성화, 재정투명화라는 입법기조에 따라 총무원장 권한을 분산하고 제한하는 법안을 만들었다.

"1994년 개혁에서 혜암 큰스님의 역할은 절대적이었습니다. 전국승려대회를 여법하게 진행하셨고 개혁회의 출범의 버팀목이 되어주셨습니다.

개혁 때도 그렇고 그 후에도 보면 큰스님은 소신이 뚜렷하고 강직하신 모습이셨습니다. 결단력도 있으셨어요. 당신의 생각이 정리되면 주저하지 않으셨습니다. 큰스님이 안 계셨다면 종단개혁은 상당히 힘들었을 것입니다."

설정 스님은 개혁 종단이 들어선 뒤 1994년부터 1998년까지 제

혜암 스님이 주재하는 원로회의에 참석한 설정 스님이 발언하고 있는 모습.

11대 중앙종회의장 소임을 맡아 종단발전에 헌신했다. 안으로는 문중과 계파를 떠나 대화의 장을 마련하는 데 힘썼고, 이를 통해 종도와 국민들로부터 신뢰받는 종단을 만드는 데 주력했다.

"제가 종회의장을 할 때 해인사에 일이 생겼습니다. 큰스님 문도들이 대중과 화합하지 못하고 일을 매끄럽게 마무리하지 못해 문제가 됐습니다. 큰스님께서는 '상좌가 잘못을 했으니 내가 책임져야 한다'며 해인총림 방장직을 던지셨습니다. 그때 총림대중은 큰스님의 걸림 없는 모습에 깜짝 놀랐습니다. 종회의장으로서 막후에서 대중의 갈등을 해소하기 위해 노력하면서 큰스님의 진면목을 볼 수 있었습니다."

설정 스님은 "혜암 큰스님의 이런 면모는 평생 수행에서 나온 것"이라고 단언했다. 수행의 힘이 없었으면 결단이 결코 쉽지 않았을 것이라고 했다.

"수좌로서 공부에 대한 열정이 대단하신 어른이셨습니다. 후학들에게는 호랑이 같이 엄하고 철저했던 분이지만 신도들한테는 너무나 자비로운 보살이셨습니다. 승속을 막론하고 원하는 누구에게나 공부를 가르쳐주신 우리의 위대한 스승이십니다."

혜암 스님과의 인연이 깊어지면서 설정 스님은 해인사 원당암에도 자주 들렀다. 설정 스님이 왔다고 하면 혜암 스님은 누구보다 반가워했다고 한다.

"공부에 방해된다며 대중과 차도 잘 안 드시던 어른께서 제가 가면 차도 주시고 책도 주시고 또 이것저것 많이 챙겨주셨습니다. 마치 고향 떠난 자식이 집에 왔을 때 살뜰히 챙기는 부모님처럼 말입니다. 원당암에서 나올 때는 마당 아래까지 내려와서 배웅을 해주셨던 기억이 납니다."

바쁜 일정을 쪼개 만든 인터뷰는 시간 가는 줄 모르고 진행됐다. 수덕사에서 출가해 해인사로 유학을 하게 된 과정, 해인사를 지키기 위한 사투와 혜암 스님과의 인연 등은 몇 편의 드라마를 찍고도 남을 정도였다.

이제는 종단의 수장으로서 '신심과 원력, 공심'으로 만들어갈 설정 스님의 '조계종 드라마' 역시 많은 사람의 기대를 모으고 있다.

혜암 스님과 설정 스님.

우리 종단사에 길이 남을 소중한 지도자라고 생각합니다. 정말 색깔 있는 지도자셨습니다. 여기서 색깔이라는 것은 군더더기 없이 날카로우면서도 한없이 자비로움을 뜻합니다. 언행일치言行一致가 그 색깔에 담겨있는 것은 물론입니다.

몇몇 어른의 경우 어느 정도 연세가 되면 말씀으로만 후학들을 제접하셨지만 혜암 큰스님은 끝까지 직접 행行으로 보여주면서 정진하셨기 때문에 더 대단하다고 생각합니다. 그래서 수좌들이 큰스님을 많이 따랐고 아직까지도 재가자들은 원당암 달마선원에서 수행의 끈을 놓지 않고 있습니다.

앞으로도 혜암 큰스님의 법향法香은 원당암과 가야산을 넘어 전국의 수많은 수행처에 계속 전해질 것입니다.

"지혜와 자비를 겸비한
원력 보살 큰스승"

_해인총림 방장 원각 스님

벌써 십수 년째 느끼는 것이지만, 한겨울 가야산의 칼바람에게 자비는 없다. 옷을 뚫어내는 저돌성과 냉정함만 살아있을 뿐이다. 승속僧俗을 막론하고 사정없이 몰아친다.

동안거가 시작된 지 한 달이 다 되어간다. 한 치의 오차도 허용하지 않는 총림叢林에서의 정진은 선원뿐만 아니라 강원과 율원, 그리고 수많은 산내 암자에서도 그대로 적용된다. 칼바람보다 매서운 정진을 이끌고 있는 분은 바로 해인총림 방장 원각 스님이다. 스님은 결제가 시작될 때부터 줄곧 퇴설당을 지키며 대중을 살피고 있다. 원각 스님을 만나기 위해 해인사를 찾았다.

해인사 1번지, 원당암
여전히 자리를 지키며 가야산과 한국불교를 굽어살피는 대적광전 부처님께 예를 올리고 해인사 맞은편에 아담하게 앉아있는 원당암顧堂庵을 먼저 찾았다. 원당암은 '해인사 1번지' 같은 상징적인 암자다. 해인사보다 먼저 지어진 절이기 때문이다.

올 때마다 느끼는 것이지만 암자가 참 정갈하고 깨끗하다. 차에서 내려 원당암 맨 위쪽에 자리한 미소굴微笑屈로 먼저 갔다. 오늘날의 원당암을 일군 혜암 스님의 흔적을 더듬어보기 위해서다. 혜암스님의 생전 주석처였던 미소굴은 현재 유품 전시공간으로 탈바꿈해 있다. 미소굴 옆에는 혜암 스님의 추상같은 가르침 '공부하다 죽어라'가 우뚝 서있다.

"공부하다 죽어라. 공부하다 죽는 것이 사는 길이다. 옳은 마음으로 옳은 일 하다가 죽으면 안 죽어요."

혜암 스님이 생전에 후학들에게 자주 설했던 말씀이다. 어쩌면

'공부하다 죽어라' 비 앞에선 해인총림 대중.

지혜와 자비를 겸비한 원력 보살 큰스승

'공부하다 죽어라'라는 이 말 한마디가 원당암 전체를 규정하고 있는 듯하다.

다시 발걸음을 달마선원達磨禪院으로 돌렸다. 미소굴 바로 옆에 있는 달마선원에서 재가불자들은 '공부하다 죽을 각오로' 정진하고 있다.

달마선원 주련에 걸려있는 혜암 스님의 오도송悟道頌과 열반송涅槃頌이 눈에 들어온다.

오도송이다. "迷則生滅心 悟來眞如性 迷悟俱打了 日出乾坤明(미즉생멸심 오래진여성 미오구타료 일출건곤명)-미혹할 땐 나고 죽더니 깨달으니 청정법신이네. 미혹과 깨달음 모두 쳐부수니 해가 돋아 하늘과 땅이 밝도다."

다음은 열반송. "我身本非有 心亦無所住 鐵牛含月走 石獅大哮吼(아신본비유 심역무소주 철우함월주 석사대효후)-나의 몸은 본래 없는 것이요, 마음 또한 머물 바 없도다. 무쇠소는 달을 물고 달아나고 돌사자는 소리 높여 부르짖도다."

정진 중이던 불자들이 잠시 방선放禪을 하는 사이 문을 열고 선방 안으로 들어갔다. 부처님 좌우에 '이뭣고[是甚摩]'와 '만법귀일萬法歸一' 화두가 걸려있다. 108평의 넓은 방에는 정진하는 대중이 앉는 좌복이 가지런하게 놓여있다.

원당암은 1996년 지금의 달마선원을 열었다. 기존에 운영하던 선방이 비좁아 불사를 다시 했다. 심검당이나 무설설 등 다른 전각 역시 재가불자들이 정진을 할 수 있는 부대시설로 만들어진 것이다.

원당암에서 불자들은 1년 중 무려 9달 동안 정진한다. 동안거

와 하안거 외에 봄과 가을에 산철결제를 각각 한 달 보름씩 진행
한다. 기간은 음력 2월 15일부터 3월 31일까지, 8월 15일부터 9월
30일까지. 쉴 틈이 없는 일정이다. 또 동안거와 하안거 중에도
7일간 잠을 자지 않고 수행하는 용맹정진도 함께한다. 해인사 선
원에서 스님들이 소화하는 일정과 다르지 않다. 이뿐 아니다. 매월
첫째 주와 셋째 주 주말에는 철야 참선법회를 열고 있다. 안거 때
는 50~60명 정도의 사람이 방부를 들이고, 토요일 참선법회에는
200여 명이 전국에서 몰려든다.

용맹정진이 우리 가풍

불자들의 정진 열기로 뜨거운 원당암을 둘러보고 다시 해인사 퇴설
당으로 가서 원각 스님을 찾았다.

선원에서 대중을 경책하는 원각 스님.

지혜와 자비를 겸비한 원력 보살 큰스승

"해인총림도 그렇고 원당암 역시 '용맹정진' 가풍입니다. 정진을 하더라도 제대로 하자는 것입니다. 혜암 큰스님께서 '공부하다 죽어라'라고 하신 말씀의 뜻도 바로 여기에 있습니다.

공부하는 사람들에게 잘 알려져서인지 전국에서 재가자들이 원당암에 많이 옵니다. 찾아오는 사람과 공부는 물론 여러 가지 대소사에 대해서도 많은 얘기를 나눕니다. 그래도 원당암은 공부하는 곳이기 때문에 화두에 대한 얘기를 많이 해요. 화두는 공부하고자 하는 사람과 대화를 나눠본 후에 줍니다. 화두가 본인에게 와 닿아야 하고 화두에 대한 믿음이 있어야 하기 때문입니다."

그렇다면 화두공부는 어떻게 해야 할까? 원각 스님은 '의심'이 중요하다고 강조했다.

"실제로 정진을 할 때 화두를 분별심으로 따져서 하는 것은 맞지 않아요. 공부에 대해 조금 안다고 자만하게 되면 그걸로 공부는 끝입니다. 공부는 간절하게 애써서 해야 됩니다. 이 공부를 성취해야 인생문제, 생사문제가 해결되기 때문입니다.

화두공부는 우리의 근본 자성자리를 깨우쳐서 그것을 바탕으로 활발하고 자유롭게 살기 위해 하는 것입니다. 그래야만 지혜롭게 살 수 있어요. 근본 바탕자리를 깨우치지 못하면 바깥일에 끄달려 생활하게 되고 항상 경계에 휘둘려 주인공의 삶을 살지 못합니다. 다른 사람과 소통도 못합니다. 그러면 당연히 갈등이 생깁니다. 근본 바탕자리를 깨닫게 되면 무엇과도 소통을 할 수 있습니다. 너와 내가 둘이 아니라는 불이不二의 이치를 알게 되는 것이죠. 그래서 우리는 공부를 해야 합니다.

공부를 하려면 먼저 부처님 핵심 사상인 중도연기中道緣起를 바르게 이해해야 합니다. 그러고 나서 실참을 해야 합니다. 공부는 실제 생활에 적용할 수 있어야 합니다. 공부와 생활이 따로 가면 안 됩니다."

원각 스님은 꾸준히 공부해야 한다고 여러 차례 강조했다. 스님에게 공부하는 수행자들이 꼭 읽었으면 하는 책을 추천해 달라고 청했다.

"공부할 때 읽으면 도움이 되는 책이 많이 있습니다. 각자 자신의 수행 상황과 맞는 책을 읽는 것이 좋을 것 같습니다.

저는 《돈오입도요문론》《신심명》《증도가》《임제록》등을 추천합니다. 어떤 책이든지 읽다 보면 어떤 대목에서 계합이 되는 순간이 있습니다. 그물을 쳐놓으면 물고기가 한 그물코에 끼어 잡히듯이 말입니다. 그러니 좋은 경전이나 어록 읽는 일도 게을리하면 안 됩니다. 공부할 때 많은 도움이 될 것입니다."

과거와 다름없는 총림의 정진 열기

그러고 보니 원각 스님이 해인총림 방장에 추대된 지 3년이 넘었다. 원각 스님은 항상 그 모습 그대로다.

"벌써 시간이 그렇게 흘렀습니다. 2003년부터 총림 유나를 맡다가 방장 소임을 맡아서인지 가야산 대중이 마음을 보태주시고 있어 큰 어려움 없이 잘 지내고 있습니다. 이번 철에도 큰절대중 200여명, 가야산 전체로 하면 500여 명이 정진하고 있습니다. 모두 열심히 하고 있어 감사한 마음입니다. 해인사는 도량이 너무 좋은 사찰입니다. 선원도 사실은 제방에 비해 좋은 조건을 갖추고 있습니다. 24시간 열려있으니 언제든 정진하면 됩니다. 예전에도 그렇고 지금도 선방은 정진하는 분위기가 중요합니다. 대중이 정진에만 전념할 수 있게 해야 합니다. 소임자들에게도 이 점에 각별히 신경을 쓰라고 당부하고 있습니다."

스님의 말씀을 들으며 갑자기 궁금해졌다. 원각 스님이 막 출가했을 때의 총림 분위기는 어땠을까?

"예전 해인사에는 선방이 3개였습니다. 조사전은 용맹정진, 퇴설당은 가행정진, 선열당은 일반정진실이었습니다. 성철 큰스님께서 조사전부터 경책을 하시면 큰소리가 들립니다. 죽비로 사정없이 경책을 하실 때였으니까요. 성철 큰스님께서는 대중이 제대로 정진을 안 하면 '밥 도둑놈들이 잠만 잔다'고 호되게 경책을 하셨습니다. 그러면 퇴설당과 선열당의 대중은 더 긴장해서 자세를 다잡곤 했습니다.

당시는 대중이 많아 방이 부족했습니다. 노장님들도 큰방에서 같이 생활했습니다. 머리를 맞대고 자야 했습니다. 자다가 눈을 뜨면 이미 대중의 3분의 1은 앉아서 정진을 하고 있어요. 깜짝 놀라 자리에서 얼른 일어나 같이 정진했던 기억이 납니다. 그때는 점심공양을 마치고 대중이 큰방에 다 모여서 차담을 함께했습니다. 먹을 것이 없던 시절이어서 분유를 타서 한 잔씩 돌려 먹기도 했습니다. 방장스님 이하 수좌, 유나, 율주스님까지 다 같이 오셔서 좋은 말씀을 많이 해주셨던 기억이 납니다. 힘이 들어도 그때는 정진 분위기도 좋고 대중이 화합해서 잘 지냈습니다."

원각 스님은 해인총림 초기 훌륭한 어른들을 모시고 정진했다. 어른들에 대한 기억은 가슴 속에서 사라지지 않고 있다.

"고암, 자운, 성철, 영암, 지월, 석암, 혜암, 법전, 일타, 지관 큰스님 등이 다 생각납니다. 한번은 선방에서 차담을 하는데 방장이신 성철 큰스님께서 주지를 뽑아야 한다며 석암 큰스님과 지월 큰스님에게 '두 분 중에서 주지를 했으면 좋겠다'고 하셨어요. 두 분은 서로 사양하셨습니다. 양보를 하신 것이죠. 한참 실랑이가 이어지다 석암 큰스님이 대중에게 합장을 올리고 자리에서 나가셨습니다. 그래서 어쩔 수 없이 지월 큰스님께서 주지를 하셨습니다. 서로 자리를 차지하겠다고 난리를 치는 요즘 분위기와는 많이 달랐습니다.

지월 큰스님께서는 주지를 하면서도 시간이 될 때마다 선방에 같이 앉으셨습니다. 또 대중끼리 시비가 있으면 당신이 가셔서 '아이고 제가 잘못했습니다'라고 하셨어요. 그러니 대중이 다툴 수도 없었습니다. 지월 큰스님은 축원도 너무 간절하게 하셔서 듣는 사람들이 신심 나게 하셨던 기억이 납니다. 일타 큰스님은 율원에 주로 계셨지만 차담 시간에는 대중에게 소참법문도 많이 하셨습니다. 또 습의의 중요성에 대해서도 강조하셨습니다.

다른 어른들도 후학들의 존경을 받았습니다. 후학들은 그저 어른들 따라 열심히 정진하였습니다."

해인총림과 원당암에 대한 이야기를 나누고 원각 스님과 혜암 스님의 인연 이야기를 듣기 시작했다. 생각해 보니 두 스님은 해인총림의 유나로서 후학들을 이끌었고 또 대중에 의해 방장으로 추대돼 해인총림의 수행종풍을 진작시키고 있다. 그 스승의 그 제자다.

'선악 내려놓으라'는 말에 발심 출가

"고등학교를 마치고 해인사 약수암에서 공부를 했습니다. 당시 약수암에는 공부하러 온 학생들이 적지 않았어요. 그때 해인사 중봉암에 계시던 도림 스님(훗날 봉철 스님)이 자주 약수암에 다녀가셨습니다. 도림 스님은 젊은 학생들과 이런저런 얘기를 많이 나누고 또 고민상담도 해주셨어요.

어렸을 때부터 저는 '착하게 사는 것'에 대한 강박관념이 있었어요. '어떻게 하면 착하게 살 수 있을까?' 이런 고민을 계속했습니다. 그러던 어느 날 스님을 따라 중봉암에 갔습니다. 밤새도록 스님 말씀을 들었어요. 도림 스님이 '착한 것도 내려놓고 악한 것도 내려놓아라'고 하십니다. 그 말을 듣는 순간 발심이 됐어요. 다음 날 중봉암에서 내려오는데 도림 스님이 저에게 《육조단경》을 비롯한 몇 권의 경전을 주셨습니다. 저는 그날부터 입시공부는 잊어버리고 그 책들만 열심히 읽기 시작했어요."

책을 읽고 있는 스님에게 도림 스님은 출가를 권했다. 도림 스님은 원각 스님의 심상치 않은 눈빛을 눈여겨보고 있던 참이었다. 도림 스님의 권유를 받은 스님은 은근히 기분이 좋았다고 한다. 그래서 다시 중봉암으로 가 삭발을 하고 승복을 입었다. 사실상의 행자 생활이 시작됐다. 1966년의 일이다. 시간이 지나 1966년 동안거가 끝나자 혜암 스님이 중봉암에 왔다. 나중에 알고 보니 혜암 스님이 도림 스님에게 중봉암 살림을 잠시 맡겨놓고 통도사 극락암에서 정진하다 다시 온 것이었다.

원각 스님은 처음 만난 혜암 스님에게 출가하고자 하는 이유를

혜암 스님과 원각 스님.

분명하게 말했다. "선과 악 두 가지를 동시에 내려놓으니 마음이 편안해졌습니다. 그래서 출가하고 싶습니다." 혜암 스님은 더 듣지 않고 그 자리에서 출가를 허락했다.

스승 혜암 스님은 엄격하면서도 자상하게 제자를 가르쳤다. 또 직접 행동으로 보여주며 제자의 정진을 독려했다. 중봉암에서 원각 스님은 혜암 스님과 한 방에서 같이 생활했다. 저녁 9시쯤 자 새벽 2시 30분쯤 어김없이 일어나 예불 올리고 정진하고 가끔 스승의 법문을 듣기도 하고 공양 준비를 했다.

"큰스님께서는 참선의 필요성과 중요성을 말씀하셨습니다. '공부하다 죽어라, 이 공부를 해야 수지맞는다'고 하셨죠. 이와 함께 인과를 강조하셨습니다. 모든 일에는 원인과 결과가 있다고 하시며 스스로 올바르게 살고 철저하게 공부하라고 하셨습니다."

원각 스님과 혜암 스님은 정진 외 시간에는 울력을 많이 했다.

"큰스님께서는 무슨 일이든지 이치에 맞게 하라고 하시며 나무 자르고 장작 패고 밥하는 법까지 일러주셨습니다. 하루 종일 밖에서 일을 할 때는 부엌 바닥에 상을 펴서 같이 밥을 먹고 다시 나가서 일을 했습니다. 그리고 저녁에는 정진을 했습니다.

저는 피곤해 죽겠는데 큰스님은 항상 여여하셨습니다. 밤새 장좌불와長坐不臥를 하시는 모습을 보면서 정말 깜짝깜짝 놀랐던 적이 한두 번이 아닙니다."

원각 스님은 1967년 계를 받은 뒤 본격적인 납자衲子의 길을 시작했다. "운이 좋았던 것인지" 그해에 해인사에는 해인총림이 개설되었다. 방장 성철 스님, 수좌 석암 스님, 주지 지월 스님, 유나 혜암 스님, 율주 일타 스님, 강주 지관 스님 등 훌륭한 선지식이 주요 소임을 맡았다.

원각 스님은 해인사 선원에서 연달아 세 철 동안 정진을 하고 군대에 다녀왔다. 제대 후에도 지리산 상무주암, 각화사 동암, 남해 용문사, 하동 칠불암, 남원 실상사 백장암 등에서 혜암 스님을 시봉하며 가르침을 받았다. 스님은 또 통도사 극락암, 순천 송광사, 문경 봉암사, 부산 범어사, 평창 오대산 상원사, 강진 백련사 등의 선원에서 정진했다.

법을 설할 때는 누구라도 차별이 없었다

당연히 원각 스님이 혜암 스님을 모시면서 겪었던 잊지 못할 일화

1971년 남해 용문사에서 혜암 스님(앞줄 왼쪽에서 세 번째)을 모시고 자리를 같이한 대중. 둘째 줄 오른쪽에서 두 번째가 원각 스님.

들도 많다.

"각화사 동암에서 큰스님을 모시고 살 때입니다. 그때 5명 정도가 함께 정진했습니다. 하루는 점심공양이 끝나자 큰스님께서 태백산에 가자고 하셨습니다. 저와 현기 스님이 큰스님을 따라나섰습니다. 몇 시간을 걸어서 태백산 정상 아래에 도착했을 때 샘물이 나와서 흐르는 곳이 있었는데, 그곳에 무당들이 굿을 하려고 자리를 펴고 있었어요. 물로 목을 축이는 사이 큰스님께서 갑자기 무당들의 목탁을 빌려오셨습니다. '목탁을 봤으니 《반야심경》 한번 하자'고 하시며 큰스님이 직접 목탁을 치고 《반야심경》 봉독을 하셨습니다. 하하.

큰스님께서 목탁을 다시 갖다주면서 몇 말씀을 나누시더니 무당들에게 법문을 시작하셨습니다. 한참 동안의 법문이 끝나자 무당들이 박수를 치며 좋아했습니다. 코가 땅에 닿을 정도로 절을 올리면서 "좋은 법문 감사드린다"며 무당들이 큰스님께 인사를 했습니다.

이처럼 법을 설할 때 큰 스님께서는 어느 누구에게도 차별을 두지 않으셨습니다.

겨울에 지리산 상무주암에 있을 때는 눈이 한번 오면 보통 사람 무릎 높이까지 쌓였습니다. 그러니 골짜기에는 겨울 내내 눈이 녹지 않고 봄까지 그대로 있었습니다. 큰스님과 함께 상무주암에서 문수암으로 가는 긴 골짜기를 내려갈 때였습니다. 저는 약간 두려워서 머뭇거리고 있었는데 갑자기 큰스님께서는 빙판이 된 경사진 언덕에 앉아 얼음을 지치며 잘 내려가시는 것이었습니다. 큰스님께서 하시는 대로 따라 하니 잘 내려갈 수가 있었습니다. 큰스님께서는 그만큼 몸도 날쌔고 가벼웠습니다."

원각 스님은 "큰스님께서는 정진도량의 불사佛事를 마다하지 않으셨다. 그래서 해인사 원당암, 지리산 문수암 등 선방과 토굴의 불사를 이뤄내신 것이다"라며 "전국의 수많은 수행처를 다니다 보면 아직도 큰스님의 흔적이 많이 남아있다"고 회고했다.

원각 스님은 혜암 스님의 수좌 정신에 대한 설명도 덧붙였다.

"큰스님께서는 조계종은 '임제 문중'이라고 강조하면서 돈오돈수頓悟頓修를 주창하셨습니다. 돈오돈수가 우리의 정로正路라고 하셨습니다.

그러면서 수좌가 지녀야 할 자세에 대해서도 말씀하셨어요. 첫째는 밥을 많이 먹지 말라는 것이고, 둘째는 공부하다 죽으라는 것입

스승 혜암 스님을 이어 원각 스님이 주석하고 있는 해인사 원당암 염화실 모습.

니다. 셋째는 안으로 공부하고 남을 도와줄 것, 넷째는 주지 등 일
체 소임을 맡지 말 것, 다섯째는 일의일발一衣一鉢로 청빈하게 살 것
입니다.

해인총림 방장에 추대되신 후에도 항상 수좌들과 함께 정진을 하
셨습니다. 특히 선방대중에게 하루 4시간 이상 취침을 금하고 오후
에는 일절 음식을 먹지 않는 오후불식午後不食을 지키게 하셨어요.
방선 중에는 108배를 거르지 않도록 하셨습니다.

해인사 일주문에는 "歷千劫而不古 亘萬歲而長今(역천겁이불고
긍만세이장금)"이라는 주련이 있습니다. '천겁의 세월이 지나도 옛날
이 아니요, 만세를 뻗어도 늘 이제다'라는 말입니다. 본래의 본성은
다 통한다는 말입니다. 또 팔만대장경이 있는 장경각에는 "圓覺道
場何處 現今生死卽是(원각도량하처 현금생사즉시)"라는 말이 걸려
있습니다. '깨달음의 도량이 어디인가? 지금 나고 죽는 이 세상이
바로 거기로다'라는 뜻이지요. 마음을 깨달으면 지금 우리가 사는

일본 성지순례 중 자리를 함께한 혜암 스님과 원각 스님.

세상이 바로 극락이라는 말입니다. 혜암 큰스님의 가르침대로 항상 용맹정진하는 자세로 살면서 열심히 정진할 수 있었으면 좋겠습니다."

총림의 어른답게 원각 스님은 정진을 게을리하지 말 것을 주문했다. 부드러운 말씀 속에 단단한 당부가 녹아있었다. 자타가 인정하는 한국불교의 중심 해인총림은 그 이름에 걸맞게 위상을 공고히 하고 있었다.

스님에게 혜암 큰스님은 어떤 존재인가요?

엄격하지만 자상한, 지혜와 자비를 겸비한 원력 보살 큰스승이셨습니다. 이런 모습은 큰스님을 아시는 모든 분이 공통적으로 느끼는 것입니다.

큰스님께서는 대중에게 '이 공부를 성취해서 일체중생을 제도해야 한다'고 강조하셨습니다. 상구보리하화중생上求菩提下化衆生이 스님들에게 가장 중요한 할 일이라고 말씀하셨어요. 그렇기 때문에 '공부하다 죽어라'를 역설하셨던 것입니다.

큰스님께서는 또 대중화합도 당부하셨습니다. 화합 속에서 조계종풍을 진작시킬 수 있다고 하셨어요.

누구보다 간절하게 수행을 하셨고, 언제나 수좌의 당당함을 잃지 않으셨던 큰스님의 모습은 제가 앞으로 영원히 따라야 할 길로 남아있습니다. 큰스님의 은혜에 깊이 감사드립니다.

"큰스님은
수행자들의 길잡이"

_해인총림 전계대화상 종진 스님

겨울을 재촉하는 눈이 내린 조계사 대웅전에 60여 명의 비구, 비구
니가 모였다. 조계종 1급 승가고시에 합격한 스님들이 종덕(비구),
현덕(비구니) 법계를 받기 위해 자리를 같이한 것이다.

안성 대원사 주지 혜용 스님을 비롯해 법계를 받은 스님들은 "불
조의 혜명을 바르게 잇고 화합과 수행으로 종단 발전을 위해 용맹
정진하겠다"고 발원했다.

이날 품서식에는 법계위원장 월탄 스님과 함께 해인총림 전계대
화상인 종진 스님도 법계위원으로서 자리를 함께했다. 평생 후학들
을 지도해 온 종진 스님은 법회가 끝난 뒤 먼저 인사를 건네며 후배
스님들의 법계 품수를 축하했다.

품서식이 끝나고 종진 스님은 한 치의 오차도 없이 가사와 장삼
을 정리해 바랑에 넣었다. 법회가 끝나면 그 자리에서 가사와 장삼

법계품서식에 참석한 종진 스님.

을 '대충' 정리하던 대부분의 스님과는 확연히 다른, 종진 스님의
평소 생활습관을 단적으로 알 수 있는 장면이었다. 짐 정리를 마친
종진 스님과 마주 앉았다.

교와 율을 겸비한 수행자

종진 스님은 교教와 율律을 겸비한 수행자다. 선禪에도 매우 밝다.
선교율을 섭렵했던 혜암 스님과 다르지 않다. 1940년 강원도 강릉
에서 태어난 스님은 1955년 대구 동화사에서 석우 스님을 계사로
사미계를, 1961년 해인사에서 자운 스님을 계사로 구족계와 보살
계를 품수했다. 1963년 해인사 강원 대교과를 졸업했으며, 1970년
지관 스님의 강맥講脈을, 1985년 종수 스님의 계맥戒脈을 이었다.

 1970년부터 1989년까지 세 차례에 걸쳐 해인총림 강주를 역임

하고, 1985년부터는 해인총림 율원장, 파계사 영산율원 율주, 해인 총림 율주로서 후학들을 지도했다. 종단에서는 계단위원과 법계위원 등의 소임을 맡았다.

종진 스님은 특히 율사律師로서는 더 이상 설명이 필요 없는 수행자다.

"계율은 법률이에요. 불교의 생명이자, 기본이 계율입니다.《화엄경》〈현수품賢首品〉에는 '계는 무상대도의 근본이니 반드시 또 철저하게 계를 지켜야 한다[戒是無上菩提本應當具足持淨戒]'고 말씀하셨고,《선견율비바사善見律毗婆沙》제1권에는 '율은 불교의 생명이다. 율이 지켜지면 불교가 머무르고 율이 지켜지지 않으면 불교가 쇠퇴한다[毘尼藏者是佛法壽毘尼藏住佛法亦住]'고 나와있습니다.

해인사 강원 앞에서 대중과 함께한 혜암 스님(앞줄 왼쪽에서 네 번째)과 종진 스님(앞줄 왼쪽에서 세 번째).

중국 송나라 때 장로종색 스님은 〈귀경문龜鏡文〉에서 '스님이 존경받으면 불교도 존경받고 스님이 업신여김을 받으면 불교도 업신여김을 받는다[僧重則法重僧輕則法輕]'고 했습니다.

이처럼 계율은 불교의 생명인데 그 생명을 이어가는 젊은 율사들이 많이 배출되도록 더 노력하겠습니다. 또 모든 종도宗徒들이 부처님의 삶을 닮아가려는 노력을 해서 국민과 사회로부터 존경을 받아 활기차며 사회에 공헌하는 종단이 되도록 더욱 정진하겠습니다."

종진 스님이 선에도 조예가 깊은 것이 확인된 것은 2014년 상·하 두 권으로 구성된 1,600여 쪽 분량의《원전회편 선문염송집》을 펴내면서다.

《선문염송집》은 고려시대 진각혜심 국사가 편찬한 최대 공안집公案集이다. 혜심 국사가 채집한 공안 1125칙에 수선사 제3세 국사인 몽여 스님이 모은 347칙을 더한 선서禪書이다. 화두공부를 하는 수행자들이라면 한 번쯤은 살펴야 할 책이다. 당연히 한국 간화선의 발전에 상당한 영향을 끼쳐오고 있는 책으로 평가되고 있다.

종진 스님은 2005년에 발간된《간화선》을 읽다가 조동종의 진헐청료를 임제종 양기파 대혜종고의 법손 설봉요종으로 잘못 기록한 것을 확인했다. 그날 밤을 지새우면서《선문염송집》과 사전을 대조하니 오류가 분명했다.

이를 계기로 종진 스님은 "《선문염송집》을 검토한 결과, 한글 번역본과 연구논문에서 인명을 오인한 부분이 더러 있고, 사법관계嗣法關係를 잘못 파악한 부분도 몇 군데 발견하여 회편會編으로 출간했다"고 편찬 이유를 밝히고 "참선수행자들에게 조금이라도 도움이 돼, 한국의 선법禪法이 크게 드날리기를 바란다"고 기원했다.

해인사 주변에서 "혜암 스님이 선교율에 두루 뛰어났듯이, 종진 스님도 수행자로서 많은 것을 갖춘 어른"이라는 평가가 나오는 이유를 확인할 수 있는 대목이다.

한없이 인자하셨던 어른

그렇다면 종진 스님은 언제 처음 혜암 스님을 만났을까? 시간은 50여 년 전으로 거슬러 올라간다.

"제가 1960년도에 해인사 강원에 입학했습니다. 강원 학인으로 공부하고 있을 때 큰스님을 처음 뵀습니다. 가까이 가서 따로 인사를 드린 것은 아니고 도량에 다니면서 아주 가끔 뵀습니다.

처음 뵀을 때는 아주 엄한 분이라는 생각이 들었어요. 큰스님이 수행에 집중하고 계실 때여서인지 더 그런 생각이 들었습니다. 그러나 나중에 큰스님을 알게 되고 가깝게 모시면서부터는 인정이 많고 한없이 자비로운 어른이시라는 것을 알게 됐습니다."

종진 스님은 곁에서 보았던 혜암 스님의 모습을 회고하기 시작했다. 스님은 구체적 일화를 몇 가지 소개했다.

"혜암 스님 상좌 중에 몇 년 전 입적한 도각 스님이 있었어요. 도각 스님은 여러 분야에 뛰어나고 일도 잘해 큰스님께서 많이 아끼셨습니다. 도각 스님이 1994년 종단개혁 때 크게 다쳤습니다. 소식을 듣고 큰스님은 바로 병원으로 가셨습니다. 큰스님께서는 입원실에 도착하자마자 도각 스님의 손을 잡더니 아무 말씀도 안 하시고 물끄러미 보기만 하세요. 옆에서 보니 눈에는 눈물이 가득합니다. 그 광경이 참 안타까우면서도 아름다웠어요. 1994년 당시 큰스님께서 그 누구보다 앞장서서 대중을 이끌었기에 상좌가 다친 것을 보고 더 가슴이 아프셨을 거라는 생각이 들었습니다.

1993년에 성철 큰스님께서 열반하시고 혜암 큰스님을 해인총림 방장으로 추대하였습니다. 얼마 후 종단 원로회의가 열려 조계종 전계대화상으로 혜암 큰스님이 추천되셨어요. 그때 마침 범어사에서는 일타 큰스님을 단주壇主로 모시고 수계산림을 진행하고 있었어요. 범어사에 있던 우리는 종단 상황을 전혀 모르고 있었습니다. 그 상황에서 혜암 큰스님께서 전계대화상으로서의 권한을 행사하시게 되면 어른들 사이가 서로 많이 어색해질 수 있었습니다.

나중에서야 사정을 알고 찾아뵈었더니 혜암 큰스님께서는 '일타 스님을 중심으로 계단戒壇을 운영하라'고 흔쾌히 말씀해 주셨습니다. 산중의 어른이자 종단의 최고 수행자이신 두 분이 서로 마음을 합쳐 문제를 해결하시는 모습이 너무 보기 좋았습니다.

또 하나 기억에 남는 일이 있습니다. 우리 가야산에는 많은 어른이 계셨습니다. 자운, 영암, 지월, 성철, 일타, 법전, 지관 큰스님 등이 후학들을 잘 이끌어주셨습니다. 어른들이 입적하시고 혜암 큰스님이 제일 어른으로 계시던 중 후배인 일타 큰스님도 입적하셨습니다. 그때 혜암 큰스님은 조계종 종정이셨습니다. 영천 은해사에서 일타 큰스님 영결식을 봉행하는데 혜암 큰스님도 그 자리에 직접 오셔서 종정 법어를 내리셨습니다.

날씨가 워낙 추워 큰스님께서 법어만 하고 따뜻한 곳으로 자리를 옮기실 줄 알았습니다. 그런데 큰스님은 미동도 안 하셨습니다. 제가 '이제 좀 방으로 가셔도 될 것 같습니다'라고 했지만 '괜찮다'고만 하세요. 나중에 보니 추위에 큰스님의 몸이 계속 흔들렸어요. 그럼에도 대중과 끝까지 자리를 지키셨던 기억이 납니다. 물론 일타 큰스님을 많이 아끼셨기 때문에 그럴 수도 있겠지만 웬만큼 인자하지 않으면 그렇게 못합니다. 후배를 아낀다는 차원을 넘어선 것입니다."

종진 스님은 혜암 스님에 대해 알 수 있는 사례를 몇 가지 더 얘기했다. 어른의 풍모가 느껴지는 이야기들이다.

"큰스님께서 해인총림 부방장副方丈으로 계실 때의 일입니다. 그때 사소한 일로 종무소와 강원학인의 관계가 안 좋았습니다. 학인들이 단체행동을 하며 종무소와 신경전을 벌이고 있었습니다. 그즈음에 큰스님의 영가법문이 있었습니다. 사중 전체 대중이 와서 들어야 하는 법문이었어요. 그럼에도 학인스님들이 단체로 불참해 버렸습니다. 그때도 그렇고 지금 생각해도 그것은 도리에 어긋나는 행동입니다. 배우는 사람들이 사소한 일로 어른께 누를 끼치는 것은 벌을 받아야 할 일입니다.

나중에서야 사정을 알게 된 혜암 큰스님께서는 '그렇게 학인들이 또 배워나가면 되는 것'이라며 불문에 부치셨습니다. 사중에 이야기를 하면 큰 문제가 될 수 있는 것임에도 큰스님께서는 넓은 품으로 학인들을 보듬어주셨습니다.

큰스님의 관대한 모습은 종단 일을 하실 때에도 마찬가지였습니다. 1994년 개혁 당시 종단의 제도를 바꾸기 위한 논의가 많이 있었습니다. 종단을 발전적으로 운영하기 위해 좋은 의견들이 많이 나왔어요. 현안을 꿰뚫고 계셨던 큰스님께서도 큰 주제에 대해서는 의견을 표명하셨어요. 어떤 때는 후배스님들과 논쟁을 벌이기까지 하셨어요. 그러다가도 논의가 진전이 안 될 때는 큰스님께서 먼저 양보해서 물꼬를 터주셨습니다. 그런 일이 여러 차례 있었어요. 큰스님께서는 특히 직선제에 대해 부정적인 생각을 갖고 계셨습니다. 지금처럼 선거가 종단을 뿌리째 흔드는 지경이 되었으니 큰스님의 혜안이 더 절실하게 느껴집니다."

불치하문의 용기

종진 스님은 혜암 스님의 수행 열정에 대한 이야기도 빼놓지 않았다. 가까이서 봤기 때문에 증언은 생생하고 구체적이었다.

1995년 9월 열린 해인사 단일계단 사미니수계식 모습.
맨 앞줄에 나란히 앉아있는 혜암 스님과 종진 스님.

"큰스님께서 제일 강조하신 말씀은 '공부하다 죽어라'입니다. 금생에 공부를 끝내면 좋지만, 그렇지 못해도 죽을힘을 다해서 공부하면 내생에는 그 인연으로 더 빨리 공부를 마칠 수 있다는 뜻으로 '공부하다 죽어라'를 강조하셨던 것으로 생각합니다.

큰스님께서는 게으름과 잠을 제일 경계하셨고, 게으름과 잠을 이기지 못하는 사람을 제일 싫어하셨습니다. 평생 장좌불와長坐不臥를 하셔서인지 수행에 관한 태도는 확실하셨습니다. 《법구경》에도 '게으름은 죽음의 길이요, 부지런함은 삶의 길이다. 어리석은 사람은 게으르고 지혜 있는 사람은 부지런하다'는 말씀이 있을 정도로 부처님께서도 게으름을 경책하셨습니다.

큰스님께서는 또 불자들에게 '첫째는 시간을 아껴야 한다, 둘째는 신용을 지켜야 한다, 셋째는 건강을 잘 지켜야 한다'고 강조하셨습니다. 모두가 다 공부와 관련한 말씀들로 여전히 우리에게 절실한 것이라고 생각합니다."

스님은 또 혜암 스님의 용기를 확인할 수 있는 일화도 전해주었다. 언뜻 듣기에도 쉽지 않은 어른의 용기다.

1980년대 후반, 종진 스님이 해인강원 강주講主 소임을 맡고 있을 때다. 부방장이던 혜암 스님이 예고도 없이 종진 스님의 방문을 두드렸다. 깜짝 놀란 종진 스님이 예를 차려 인사를 올리자마자 혜암 스님이 운을 뗐다.

"어록을 보니 '從教종교'라는 표현이 있어. 이 두 글자의 용례가 궁금해. 하하."

"從教는 '마음대로 하게 한다. 상대가 마음대로 하게 한다'는 의미가 있습니다."

종진 스님의 자세한 설명에 혜암 스님은 고개를 끄덕이며 "알았다. 이제 확실하게 알겠다"며 자리에서 일어섰다.

"큰스님의 이런 모습이 바로 '불치하문不恥下問'의 용기입니다. 아랫사람에게 묻는 것을 부끄러워하지 않는 어른의 진면목이죠. 다른 어른들 같으면 그냥 모른 채로 넘기거나 아니면 다른 방법을 찾아 의문을 해결하셨을 것이지만, 큰스님은 후배인 저에게 찾아와 궁금한 것을 말씀하셨어요. 정말 저는 그때 큰스님을 확실하게 알게 되었습니다. 제가 모시고 산 어른 중에 자운 큰스님과 혜암 큰스님은 후학들에게도 기꺼이 질문을 하시는 분이셨습니다.

해인사 수계산림 이후 궁현당 앞에서 자리를 같이한 모습.
가운데 혜암 스님과 오른쪽에서 두 번째가 종진 스님.

큰스님은 수행자들의 길잡이

혜암 큰스님은 수행자들이 항상 몸과 마음에 담아야 할 것으로, 첫째 "부처님 제자답게 살아라", 둘째 "수좌답게 공부하라"라는 말씀을 계속 강조하셨어요. 큰스님의 다양한 면모를 보면서 더 큰스님 가르침을 따르려 했습니다."

종진 스님의 꼼꼼한 증언에 인터뷰는 시간 가는 줄 모르고 진행됐다. 혜암 스님은 물론 종진 스님에 대해서도 자세히 알 수 있는 시간이었다. 인터뷰가 끝나고 며칠 뒤 해인사를 찾았다. 해인율원을 다시 보고 싶어졌다. 계율 수호를 다짐하는, 율원에 걸린 주련 글씨가 더 크게 눈에 들어왔다.

스님에게 혜암 큰스님은 어떤 존재인가요?

정말 큰 인연인지 저는 혜암 큰스님 열반 소식도 비교적 빨리 들었습니다. 상좌스님들이 다 오기 전에 원당암에 도착해 큰스님 법구에 삼배를 올렸습니다.

마침 상좌스님들이 큰스님 법구를 어디에 모실지를 두고 얘기를 나누고 있었습니다. 저는 큰스님이 조계종단의 종정이셨던 만큼 해인사로 모셔 여법하게 영결식과 다비를 해드리는 것이 좋겠다고 얘기했습니다. 큰스님을 모시는 일은 바로 그렇게 진행되었습니다. 지금 생각해 보면, 그래도 제가 큰스님 마지막 가시는 길에 함께할 수 있어서 정말 다행이었습니다.

큰스님은 저와 수행자들의 길잡이셨습니다. 딱 그렇게만 말씀드립니다. 그 속에 다 들어있습니다. 부연설명하면 이상해집니다.

"신심의 화신이었던
수행자"

_조계종립 특별선원 봉암사 수좌 적명 스님

다시 문경 봉암사에서 겨울을 만났다. 희양산 꼭대기에서부터 불어 내려오는 삭풍이 뼛속까지 파고든다. 때로는 폭우 속에서 또 때로는 짙은 안개를 뚫고 또 때로는 염천의 더위를 피해 봉암사를 찾았었다. 어떤 조건이건 봉암사를 찾는 마음은 무조건 좋았던 기억이다.

대웅전을 참배하고 수좌 적명 스님을 만나기 위해 동방장東方丈실로 갔다.

진짜 어른의 역할

마침 젊은 수좌스님이 기분 좋은 표정으로 동방장실을 나오고 있었다. 선지식을 친견하고 나왔을 때의 그 얼굴이었다.

적명 스님은 2009년 2월 봉암사 수좌로 추대됐을 때부터 태고선

원 서당 큰방에서 대중과 함께 정진했다. 몇 년간 끊임없이 대중 속에 있었지만, 얼마 전부터는 공부를 막 시작한 젊은 스님들을 점검해 주는 것에 중점을 두고 있다.

"보통 안거의 절반이 지나면 첫 보름 동안 3인 1조로 대중이 석참夕參을 했습니다. 또 그다음 보름은 자율 석참을 했어요. 그래도 묻고 싶은 것이 있는 사람은 마지막 보름 동안 시간을 잡아 면담을 합니다. 공부하는 사람들에게 조금이라도 도움을 줄 수 있어 다행이라 생각하며 열심히 하고 있습니다. 하하."

주로 무슨 질문을 받느냐고 여쭈자 "공부 얘기가 많다"고 한다.

"자기가 공부를 제대로 하고 있는지, 화두가 잘 안 들릴 때는 어떻게 해야 하는지, 어떻게 하면 더 화두공부를 잘 할 수 있는지 등 실참實參에 대한 것은 물론이고, 공空, 연기緣起와 같은 교리를 묻는 사람도 많아요. 제가 아는 범위 내에서는 최대한 자세히 얘기를 해주려 합니다."

간화선 수행자들 사이에서 '점검'이 사라졌다고 하는 말들이 많지만 봉암사는 예외였다. 이렇게 점검이 가능한 것은 적명 스님이 희양산처럼 자리를 지키고 있기 때문일 것이다. 선원의 어른으로서 스님이 대중에게 가장 당부하고 싶은 것은 무엇일까?

"나이 든 중이 젊은 사람들한테 당부할 일이라면 열심히 정진하라는 얘기밖에 할 것이 없어요. 예전에 해인사 일타 큰스님께서 선방에 다니면서 제방의 어른스님들께 여쭈어보았다고 합니다. 젊은 시절로 돌아간다면 무엇을 제일 하고 싶으시냐고 말입니다. 그랬더니 노장님들이 하나같이 정말 죽을힘을 다해 정진을 하고 싶다고 하시더래요. 저도 나이가 들어보니 젊었을 때 열심히 해야 한다는 생각을 하게 됩니다. 봉암사든 어디든 서있는 곳에서 항상 열심히 수행하기를 바랄 뿐입니다."

스님은 한국불교가 깨달음 지상주의에 빠져있다는 일각의 지적에 대해서는 강한 반론을 제기했다. 오히려 깨달음에 제대로 매달린 적이 있느냐고 반문했다.

"불교라는 종교는 깨달음이 있기에 성립되는 것입니다. 깨달음 없이 불교는 있을 수 없어요. 석가모니 부처님이 6년간 고행 끝에 깨달음을 얻고 교진여를 비롯한 5비구를 만났습니다. 깨달음을 얻지 못했다면 아마 내려오지 않았을 것입니다.

지금 한국불교는 깨달음에 집중하지 못해서 탈입니다. 진력하는 게 왜 허물인가요? 《법화경》《화성유품化城喩品》에 나오는 대통지승

여래는 깨닫고자 했지만 그러지 못해 십겁의 세월 동안 수행해서 깨달음을 얻었습니다. 깨달음에 평생을 거는 것을 왜 탓합니까? 오히려 오랜 시간이 걸리더라도 깨달은 부처가 나오게 하자고 해야 합니다. 우리가 옛사람처럼 못할 이유가 없습니다. 대중을 위한 좋은 일, 이타행은 종교와 관련 없이도 얼마든지 할 수 있습니다. 이것이 불교의 근본인 것처럼 말하는 것은 옳지 않습니다."

적명 스님은 종단 안팎의 범계犯戒 문제와 일탈 행위가 끊이지 않는 것에 대해서도 일침을 놓았다. 스님은 종단이 어려울수록 수행에 집중해야 한다며 봉암사를 명실상부한 '특별 종립선원'으로 만들어내겠다고 강조했다.

대중공양을 올리러 온 불자들에게 법문을 하고 있는 적명 스님의 모습.

혜암 스님과 봉암사 결사

2017년은 봉암사 결사 70주년이었다. 근현대 한국불교의 역사를 바꿔놓은 역사적 사건인 봉암사 결사를 되새겨볼 수 있는 의미 있는 해였지만 2017년 종단 안팎은 조용했다. 자료를 정리하던 중 봉암사 결사와 관련한 혜암 스님의 인터뷰를 《고경》 1996년 여름호에서 확인했다. 인터뷰는 백련불교문화재단 이사장 원택 스님이 진행했다. 다시 보아도 오늘날의 한국불교에 시사하는 바가 적지 않다.

혜암 스님은 성철, 우봉, 보안 스님과 함께 봉암사로 가 결사를 시작했다. 스님의 육성을 확인한다.

문 당시의 봉암사의 생활에 대해 말씀해 주십시오.

답 봉암사의 가풍은 전혀 새로웠습니다. 무엇보다도 '능엄주'를 안 하는 사람은 거기서 지낼 수 없었습니다. 모든 대중은 자급자족해서 살림을 하는 동시에 탁발해서 공부를 했는데, 탁발한 것이 공부에만 도움을 준 것이 아니었습니다. 그때는 너나없이 살림이 어려운 때여서, 탁발하러 나갔다가 가난한 사람들을 만나면 다 보시를 하고 왔지요. 탁발한 것을 절로 가져오지 않고 아무도 모르게 그 집 솥뚜껑을 열고는 다 부어놓고 왔거든요. 그런 일이 없을 때는 절로 가지고 와서 공부하는 데 썼습니다. 또한 모든 대중이 울력을 했어요. 일꾼을 쓰지 않고 직접 산에 가서 나무를 했습니다. 날마다 시간 정해놓고 나무를 하니까 나중에는 나무가 남더군요.

문 무척 힘이 드셨을 텐데 불평은 없었습니까? 결사에는 어떤 분들이 동참을 하셨는지요?

답 힘은 무슨 힘, 아무도 불평하지 않았습니다. 오히려 방부를 못 들여서 야단이었지요. 아무나 방부를 들이지 않았거든요. 처음 얼마 동안은 한 7, 8명밖에 안 살았어요. 점점 그 수가 늘어나 20명이 30명 되고, 나중에는 많이 살았습니다. 처음에는 청안, 보문, 우봉, 일도, 자운 스님 등이 계셨지요. 보문, 일도 스님은 돌아가셨는데, 모두 훌륭한 어른이셨습니다. 그리고 중간에 향곡, 청담 스님 등이 들어오시고, 뒤에 월산, 성수, 법전 스님 등이 오셨지요. 향곡 스님은 비문에도 적혀있듯이 봉암사에서 확철대오를 하셔서 전국적으로 소문이 났습니다. 향곡 스님께서는 평소에도 봉암사를 무척 좋아하셨고, "봉암사를 잊을 수 없다"고 말씀하시곤 했습니다.

문 봉암사 결사를 말할 때면 '부처님 법대로 살자'는 기치에 주목을 하게 됩니다. 결사의 내용에 대해서 말씀해 주십시오.

답 다른 말이 필요 없어요. 말 그대로 부처님 법대로 사는 것이었습니다. 그래서 들어가자마자 바로 지금 우리가 입고 있는 보조 국사 장삼을 60벌 맞췄습니다. 그때만 해도 두루마기에 소매만 넓은 마치 도포자락 같은 장삼을 입고 있었는데, 그 옷을 지금 입고 있는 옷으로 바꾸었지요. 가사도 빨간색이었는데, 먹물 가사 즉 괴색 가사로 바꾸었습니다. 목발우도 다

봉암사 결사에 함께 참여했던 혜암 스님과 법전 스님.

없애버리고 철발우를 썼지요. 철발우를 공장에 가서 맞췄습니다. 무거웠지만 대중이 모두 철발우를 썼어요.

문 그렇다면 당시 봉암사의 가풍은 어떠했는지요?

답 봉암사의 가풍은 다른 것이 있을 수 없었습니다. 청정가풍을 정해놓고, 이 규칙을 지킬 사람은 여기서 살고, 지키지 않을 사람은 살고 있는 사람도 나가라는 것이었습니다. 적게 살아도 좋으니까 부처님 법대로 살겠다는 것이 규칙이었어요.

문 봉암사의 생활은 이전의 불교 모습과는 다른 점이 참 많습니다. 바깥에서 바라보는 시각은 어떠했는지요?

답 봉암사 결사를 하면서 발우와 옷을 바꾸고, 능엄주를 하고, 절에서 산신각과 칠성각을 없애고, 보살계를 시설해서 신도들이 스님에게 삼배를 하게 하니까 봉암사 산중에 외도들이 모여 산다고 하는 분도 있었지요. 사실 신도들한테 스님들이 삼배를 받은 것이 아니라 삼배를 시킨 것인데, 어떤 스님은 있지도 않은 법을 자기식대로 만들어서 귀찮게 한다고 비난했습니다. 그렇지만 그때부터 이 삼배라는 것이 참 성황했어요. 알고 보면 봉암사에서 실천한 행동 하나하나가 다 정법正法이었는데, 그것을 모르고 그런 말을 하니까 그냥 웃을 수밖에 없었어요.

선원장을 맡아 대중과 호흡하다

한국불교의 새 역사가 시작되었던 봉암사에서 100명이 넘는 대중을 제접하고 있는 적명 스님 역시 봉암사 결사에 대한 남다른 애정이 있었다. 결사 정신이 희미해져 가는 것에 대해 여러 번 안타까움을 표시했다. 이야기의 주제를 혜암 스님과의 인연으로 돌렸다.

"1966년 하안거를 범어사 선원에서 보내고 동안거에 해인사로 갔습니다. 그때 성철 큰스님이 해인사 백련암에 막 와 계셨습니다. 해인사 선원에 가서 방부를 들여놓고 있는데 같이 계시던 학산 노장님께서 혜암 큰스님의 존재를 전해주셨습니다. 그때 혜암 큰스님께서는 중봉암에 계셨습니다.

'토굴에서 일종식—種食과 장좌불와長坐不臥를 하며 용맹정진 중인 스님'이라고 말씀하셔서 큰스님에 대해 관심을 갖기 시작했습니다. 그때 저는 20대 신참으로 어른들을 찾아다니며 인사드릴 상황은 아니어서 그냥 멀리서 뵙는 정도였습니다."

적명 스님은 그 후로도 해인사 선원에서 많은 시간을 보냈다. 지금도 '비사秘事'로 전해지는 1970년대 '해인사 선방 곡괭이 사건'을 해결했고 해인사 조사전과 퇴설당에서 혜암, 일타 스님 등과 결사를 같이하기도 했다.

순천 송광사 선원에서는 입승을 맡았던 혜암 스님을 모시고 정진했다. 현재 선방의 어른으로서 후학들을 제접하고 있는 무여, 인각, 혜국 스님 등이 송광사에서 함께 공부했다. 미국에서 한국불교를 가르치고 있는 로버트 버스웰 교수도 그때는 '혜명 스님'으로 같이 공부했다고 한다.

"그때는 워낙 먹을 것이 없을 때였습니다. 종무소에 특식을 청하면 찰밥과 국수 중에 선택을 해야 했습니다. 종무소에서는 선방대중이 많이 원하는 것을 특식으로 내놓곤 했어요.

한번은 대중이 혜암 큰스님께 선방 내 자체 특식을 청했어요. '무엇을 원하느냐?'고 말씀하시기에 '빵을 먹고 싶습니다'라고 했어요. 큰스님께서 시장에 나가셔서 당시로서는 먹기 힘들었던 고급 식빵을 사오셨던 기억도 납니다. 하하. 큰스님께서는 정진하실 때는 무섭게 대중을 다그쳤지만 또 대중이 원하고 필요로 하는 것은 언제나 책임감 있게 해결해 주셨습니다."

1980년대 들어서는 선원의 수좌스님들과 힘을 모아 10·27법난을 수습하고 동화사 선방을 거쳐 해인사로 갔다. 사실 스님은 "선원에서의 정진보다 뒷방에서 쉬기 위해" 해인사로 갔던 참이었다. 그러나 이러한 스님의 계획은 무산되고 말았다.

"마침 해인사에 가니 범어사 노장 지효 노스님께서 방을 비워주셨습니다. 지효 노스님께서는 범어사에서 결사를 할 계획이라며 저에게도 범어사로 오라고 하셨습니다. 잔뜩 기대를 하고 범어사로 가봤지만 제대로 준비가 안 된 것 같아서 다시 해인사로 왔습니다.

며칠 후 동안거가 시작되려던 찰나에 선방대중이 찾아왔습니다. 저에게 선원장禪院長 소임을 맡으라고 합니다. 저는 처음에는 완강히 거절했습니다. 그래도 다시 대중이 찾아왔어요. 나중에 알고 보니 이미 성철 큰스님과 혜암 큰스님께서 결정을 하셨던 것입니다. 마지막에는 혜암 큰스님께서 직접 찾아오셨습니다.

1982년 동안거 용맹정진을 마치고 대중과 함께한 모습.

어른들의 말씀과 대중의 청에 따라 해인사 선원장을 맡았습니다. 그때 혜암 큰스님께서 선방의 어른으로 계셨고 워낙 철저하게 사셨기 때문에 큰스님을 믿고 저는 수행만 열심히 했습니다."

적명 스님은 그렇게 3년여간 해인사 선원장을 맡았다. 성철, 혜암, 일타 스님을 비롯한 쟁쟁한 어른들과 호흡을 맞췄다. 적명 스님은 고우 스님과 함께 1988년 해인사에서 '제1차 전국선화자 수련법회'를 개최했다. 이 자리에는 혜암 스님이 참석해 500여 대중에게 '공부하다 죽어라'라는 개회 법문을 하기도 했다.

적명 스님은 혜암 스님과 봉암사, 간화선에 대한 이야기를 풀어놓았다. 수행에 대한 확신은 혜암 스님의 그것과 조금도 다르지 않았다. 팔순을 맞이한 적명 스님은 앞으로도 쉬지 않고 후학들을 지도할 것이라고 했다. 봉암사와 한국 선원의 미래는 그래서 더 희망적이다.

스님에게 혜암 큰스님은 어떤 존재인가요?

수행은 行行으로 나타나지 않으면 의미가 없습니다. 행이 되어야 합니다. 자기 스스로 만족하는 것이 아니라 다른 대중이 보기에 수행자여야 합니다. 다른 사람에게 인정받아야 한다는 것입니다.

그런 면에서 볼 때 혜암 큰스님은 전형적인 수행자셨습니다. 평생 공부 외에는 아무것도 생각하지 않으셨습니다.

특히나 강조하고 싶은 것은 큰스님의 신심입니다. 큰스님은 신심 덩어리입니다. 신심 그 자체, 신심의 화신이었어요. 신심 하나로 평생을 사셨습니다. 큰스님의 그런 모습은 대중을 발심하게 했습니다. 공부와 수행이 납자의 본분이라는 것을 몸소 실천하고 보여주신 어른입니다.

"모든 일에 걸림이 없던
지혜인"

_해인사 홍제암 감원 종성 스님

가야산 암자 중 유구한 역사와 수행 전통을 자랑하지 않는 곳이 없지만 홍제암만큼 불교 안팎의 역사를 품고 있는 암자도 드물다.

해인사 홍제암弘濟庵은 임진왜란 당시 나라를 구하기 위해 온몸을 던진 사명 대사 유정 스님이 열반에 든 곳이다. 임진왜란이 끝나고 광해군은 사명 대사에게 '慈通弘濟尊者자통홍제존자'라는 시호를, 대사의 영정을 모신 영자전에는 '弘濟庵'이라는 편액을 내렸다.

범상치 않은 역사를 가지고 있는 홍제암에 가면 꼭 확인하고 싶은 몇 가지가 있었다. 그중 제일 궁금했던 것은 역시 사명 대사 석장비. 사명 대사의 행장을 기록한 석장비는 일제 강점기이던 1943년 합천경찰서장 다케우라竹浦가 네 동강 냈다. 일제 경찰서장 눈에는 사명 대사 석장비가 눈에 크게 거슬렸을 것이다. 1958년 해인사 대중이 오늘날의 모습으로 복원하면서 석장비에는 '강제로'

열 십+ 자가 새겨져 있다. 아픈 역사를 간직하고 있는 석장비를 마주하자 절로 두 손이 모아지고 머리가 숙여졌다.

두 번째로 보고 싶었던 것은 자운 스님 좌상을 모신 영각影閣이다. 해인사를 오늘날의 총림叢林으로 만든, 자운 스님의 법향法香으로 가득한 영각에서 108배를 하니 없었던 기운이 다시 샘솟는 듯했다.

발걸음을 돌려 세 번째로 본 것은 지관 스님 사리탑과 행적비. 전통 석조부도 양식으로 제작된 사리탑은 높이 490cm, 행적비는 480cm 크기로 제작됐다. 지관 스님의 행적을 기록한 비명碑銘은 고은 시인이 원고를, 서예가 송천 정하건 선생이 글씨를 썼다.

꼭 확인하고 싶었던 3가지를 직접 보니 수년간 하지 못한 숙제를 해낸 느낌이었다. 뿌듯한 마음으로 마지막 숙제를 하러 홍제암 경내로 다시 들어갔다. 그런데 그 숙제의 주인공이 포행을 하고 있었다. 바로 홍제암 감원 종성 스님이다.

해인사의 살아있는 역사

'해인사의 살아있는 역사'로 통하는 종성 스님을 혜암 스님 인연으로 만났다. 종성 스님은 팔순을 앞두고 있어서인지 몸은 조금 불편해 보였지만 젊은 사람을 능가하는 명석한 기억력을 갖고 있었다.

"매일 아침 7시부터 두 시간 가량 경내를 다닙니다. 운동 삼아 하는 일이지만 홍제암의 어른들께 인사를 드리고 하루를 시작하면 기분이 좋습니다."

종성 스님은 홍제암의 역사에 대한 설명부터 시작했다. 사명 대

홍제암 경내에서 포행 중인 종성 스님.

사 이전과 이후의 역사를 막힘없이 설명했다. 출가 이후 모신 노스님인 자운 스님과 은사인 지관 스님에 대한 이야기는 유쾌하면서도 진지했다.

"대율사大律師인 자운 노스님께서는 아주 인자하셨던 어른입니다. 당신 위주가 아니라 남을 위해서 사신 분입니다. 당대의 어른들을 화합으로 모셔서 오늘날의 해인총림을 만든 분이 바로 자운 노스님이십니다.

노스님께서는 대중을 질책하는 말씀을 한 번도 안 하셨어요. 대신 무언의 행行으로 보여주셨습니다. 제가 젊은 시절 새벽예불에 나가지 못하면 일부러 깨우지 않으셨어요. 대신 제 방 앞에 오셔서 '나무아미타불' 주력을 하십니다. 노스님의 주력 소리를 듣고 깜짝 놀라 허겁지겁 새벽예불에 들어갔던 적이 여러 번이었습니다. 하하.

지관 큰스님은 신심이 대단하셨습니다. 제가 어린 시절 해인사는 밤 9시가 되면 모두 소등해야 했습니다. 불을 끄지 않다 걸리면 벌금을 냈습니다. 이런 조건에서도 지관 큰스님은 신심과 원력으로 공부를 하셨어요. 큰스님께서는 9시가 지나면 당신 방에 담요를 쳤어요. 그렇게라도 해야 경전을 볼 수 있으니까요. 12시까지 책을 보시고 나서는 나한전에 가셔서 꼭 108배를 하셨습니다. 이런 일정으로 정진하시니 하루 주무시는 시간도 두세 시간에 불과했습니다. 큰스님께서는 열반하시기 직전까지도 원고를 쓰셨습니다. 병원에 가면 원고가 수북이 쌓여있었습니다. 그런 노력으로 큰스님은 우리 시대 최고의 학승學僧이 되셨다고 생각합니다.

자운 노스님과 지관 큰스님의 이런 실천행을 보면서 잘 살아야 한다는 생각을 하지 않을 수 없었습니다. 다만 저는 어른들과 달리 사판事判의 영역에 주로 있었습니다."

종성 스님은 1955년에 출가해 1958년에 사미계를 받고, 1962년에 해인강원에 입학했다. 강원을 졸업하고 1967년 해인총림이 설립된 후 처음으로 열린 수계산림에서 비구계를 수지했다.

"그전에도 강원을 다니면서 해인사에 왔다 갔다 했지만 본격적으로 제가 해인사에 살기 시작한 것은 제 나이 30부터입니다. 그때부터 이것저것 사중 일을 보기 시작했습니다."

종성 스님이 절에서 처음으로 맡은 소임은 원주. 영암 스님이 해인사 주지를 시작했을 때다. 그 후 지월, 도광, 성수, 지관, 현경, 봉주 스님이 주지를 하는 동안 원주를 계속했다. 모두 7명의 주지를 모시고 원주소임을 본 것이다.

혜암 스님과 지관 스님.

"그때에 비하면 지금 원주는 엄청 편한 소임입니다. 하하. 그때의 원주는 행정을 제외한 모든 분야의 일을 했던 소임입니다. 지금 생각해 보면 어떻게 일을 했는지 몰라요. 대구에 가서 한 번 시장을 보면 인부들이 나를 수 있는 짐을 20개씩 사왔습니다. 시장에서 지게꾼을 사서 짐을 나르고 자전거에 실어서 또 날라 버스 짐칸을 가득 채워 해인사까지 왔던 기억이 납니다. 원주가 끝나고는 가야산과 해인사 소유 농지를 관리하는 농감을 13년 하고 그 후에는 총도감을 또 오래 했어요. 팔만대장경보존원장을 맡아 판전을 지금의 모습으로 정리했던 사람이 바로 접니다. 하하."

이런 소임을 살았으니 종성 스님이 '해인사의 살아있는 역사'로 불리는 것은 당연했다. 종성 스님은 해인사의 크고 작은 소임을 수행한 뒤 66세에 다시 홍제암으로 돌아왔다. 손을 놓고 쉴 수 있는 위치였지만 불사를 다시 시작해 오늘날의 홍제암을 만들었다.

홍제암에서는 1977년부터 매년 '사명 대사 추모재 및 자비도량 참법 참회천도법회'를 진행하고 있다. 자비도량참법 참회천도법회는 백중 49일 전에 입재하여 매일 참회기도를 갖고 매주 천도재를 지낸 후 백중 이틀 뒤에 철야기도를 갖고 회향한다. 따라서 기도 기간은 53일에 이른다. 53선지식을 찾는 구법求法을 상징적으로 나타내고 있다.

종성 스님은 "자운 노스님은 항상 당신을 '상참괴승常懺愧僧'이라고 했다"면서 "이는 늘 참회하는 부끄러운 승려라는 뜻으로, 언제나 참회하면서 수행정진하는 출가자의 본분과 중생을 대신해 참회한다는 의미를 담은 것"이라고 전했다.

이처럼 해인사의 근현대사를 온몸으로 체험한 종성 스님이 혜암 스님과도 깊은 인연이 있으리라는 것은 쉽게 짐작할 수 있다.

집이 있어야 수행자가 온다

"1962년에 강원에 입학해 경전공부를 시작했습니다. 혜암 큰스님께서는 중봉암에 계셨습니다. 지금은 중봉암이 없어졌지만, 토굴처럼 열악했던 중봉암에서 용맹정진하고 계셨던 큰스님이 기억납니다.

아무것도 모르던 때여서 큰스님께 가까이 가지는 못했어요. 큰스님께서 가끔 큰절에 내려오시면 뵙는 정도였어요. 큰스님께서는 그때 비교적 젊은 나이셨습니다. 공부하신다고 용모에는 거의 신경을

1967년 해인총림 첫 동안거 기념. 혜암 스님을 비롯한 산중 어른들과 전체 대중이 같이한 모습. 종성 스님도 대중 속에 있었다.

안 쓰셨어요. 머리도 덥수룩하고 수염도 많이 자라있었습니다."

종성 스님이 기억하는 중봉암은 3칸짜리 집 한 채였다. 조그만 토굴 같았지만 혜암 스님의 정진력은 큰 선방을 능가하고 있었다.

"시간이 조금 지나고 나서는 강원학인들이 중봉암에 가서 큰스님 법문을 듣기도 했습니다. 저도 두 번 정도 중봉암에 올라갔는데 항상 참선 법문을 하셨던 기억입니다. 큰스님의 평생 구호가 '공부하다 죽어라' 아닙니까? 큰스님께서는 어떤 사람을 만나든 '공부하다 죽어라'를 강조하셨어요.

《초발심자경문初發心自警文》에 보면, '今生未明心 滴水也難消(금생미명심 적수야난소)'라는 말이 있습니다. 금생에 마음을 밝히지 못하면 한 방울의 물도 소화하기 어렵다는 뜻입니다. 큰스님께서 이 말씀을 참 많이 하셨어요. 화두참구를 통한 깨달음을 여러 차례 강조하셨습니다. 나중에는 해인총림 방장 원각 스님이 중봉암에서 출가해 공부를 시작했습니다."

강원을 졸업하고 해인사 원주소임을 맡고 난 뒤인 1970년대 후반에 종성 스님이 다시 혜암 스님을 찾았다. 스님을 만난 장소는 지리산 청매 토굴(현재의 도솔암)로, 여기서도 혜암 스님은 공부를 강조했다.

"큰스님께서는 '책 보고 문자를 헤아리는 것은 진짜 공부가 아니다. 빨리 화두공부를 해야 한다'고 계속 강조하셨습니다. 제가 공부에 그리 관심이 없어서 큰스님 말씀이 가슴에 와 닿지 않았어요. 지금 생각하면 제가 참 어리석었습니다. 하하."

종성 스님은 원당암에 주석하기 시작한 혜암 스님을 지근거리에서 모시기 시작했다.

"큰스님은 정말 발걸음이 빨랐습니다. 꼭 축지법을 쓰시는 것 같았어요. 해인사 소임자들은 설날에 새벽예불이 끝나면 백련암에 계신 성철 큰스님께 세배를 드리러 갔습니다. 큰절에서 같이 출발을 했는데도 혜암 큰스님께서는 먼저 도착해 이미 성철 큰스님과 떡국을 드시고 나서 저희 일행을 맞이하셨어요. 저같이 젊은 사람도 큰스님의 발걸음을 따라가기 힘들 정도로 빨랐습니다. 혜암 큰스님의 빠른 발걸음은 그 후에도 여러 번 느꼈습니다."

종성 스님은 원당암 불사가 시작되자 혜암 스님의 외호를 도맡았다.

"큰스님께서 들어가시기 전 원당암은 고시생들을 하숙생처럼 받던 곳이었습니다. 쉽게 얘기하면 밥장사를 하는 암자였어요. 그 시절에는 먹을 것이 없으니 그렇게 해서라도 살림을 유지했습니다. 큰스님께서는 들어가시자마자 원당암을 원래의 '절'로 바꾸려고 하셨습니다. 처음에 세 채뿐이던 전각을 정리하고 차근차근 불사를 해서 오늘날의 원당암으로 가꾸셨습니다. 주변에 있던 지모암과 견성암을 통합 정리해 지금의 원당암으로 만드셨습니다.

불사를 할 때 큰스님께서 하신 말씀이 생각납니다. '여기서 나만 잘 살기 위해 불사를 하는 것이 아니다. 집이 있어야 수행자가 온다'고 저에게 여러 번 말씀하셨어요. 큰스님의 간절한 원력이 바탕이 된 불사는 결국 참으로 아름다운 도량으로 자리 잡으며 회향하였습니다.

불사가 한창일 때의 원당암 모습.

큰스님께서 불사를 하실 때 각안 스님이 정말 고생을 많이 했습니다. 각안 스님은 아주 훌륭한 효孝상좌입니다. 큰스님 마음을 잘 헤아려서 많은 일을 했어요. 불사를 하면서 저는 주로 국립공원관리공단이나 합천군 등 행정기관을 상대하면서 불사의 필요성을 설명했습니다. 하루 종일 공무원들을 상대하며 원당암을 홍보했던 날이 부지기수입니다. 하하."

헤암 큰스님은 전무후무한 어른

원당암 불사에서 종성 스님의 역할은 막중했다. '일을 할 줄 알았던' 종성 스님이기에 가능한 일이 많았다. 원당암 불사가 마무리될 때쯤 헤암 스님이 종성 스님을 불렀다.

"종성 스님이 가야산의 주인이다. 네가 산중의 제일이야. 굽은 나무가 산을 지킨다고 하지만 종성 스님은 제일 잘난 나무다."

인자한 어른이었지만 좀처럼 표현을 안 하던 헤암 스님에게 들을 수 있는 극찬이었다. 종성 스님은 "그때 큰스님의 칭찬을 잊을 수가 없다"며 웃었다.

헤암 스님의 칭찬은 산중 어른들의 '릴레이 격려'로 이어졌다. 성철 스님과 일타 스님도 "도감 종성 스님이 일을 참 잘한다"며 격려를 아끼지 않았다.

종성 스님을 잘 아는 해인사의 한 스님은 "종성 스님은 영암 스님도 인정한 사판事判이다. 영암 스님은 조계종 최고의 사판인데, 그런 영암 스님이 종성 스님을 아꼈다는 것만 봐도 종성 스님의 능력을 알 수 있다"고 강조했다.

종성 스님은 지면에 다 담지 못할 만큼 많은 이야기를 쏟아냈다. 해인사의 비사秘史는 정말 흥미진진했다. 이야기가 무르익을 즈음 멀리서 성지순례를 온 불자들에게 법문할 시간이 되었다. 급하게 마지막 질문을 던졌다.

스님에게 혜암 큰스님은 어떤 존재인가요?

모든 면에서 볼 때 큰스님은 저에게 가장 모범적인 스님이셨습니다. 삶의 모습 하나하나가 정말 교과서 같았습니다.

혜암 큰스님은 전무후무한 어른이시라고 단언합니다. 일생 동안 공부하는 데 당신의 모든 것을 던진 분입니다. 걸림 없는 진짜 지혜인智慧人이라고 할 수 있습니다.

제가 공부를 많이 하지 않았지만 그래도 해인사 선방에서 혜암 큰스님을 모시고 용맹정진을 여러 번 했습니다. 큰스님께서는 높은 연세에도 용맹정진 기간 중에 절대 자리를 비우지 않으셨습니다. 몸이 구부러져도 끝까지 앉아계셨어요. 그런 큰스님을 보고 누가 공부를 하지 않겠습니까? 참선에 관해서는 큰스님 같은 분이 없다고 저는 확신합니다.

"공부에 모든 것을 바친
진짜 어른"

_봉화 축서사 문수선원장 무여 스님

가을을 달렸다. 산이 가까워질수록 가을은 깊었다. 아니, 온 산하가 가을이었다. 축서사는 여전히 깔끔하면서도 아담했다. 또 은은했다. 일주문 안으로 발을 들여놓았을 뿐인데도 마음이 편안해졌다.

　깊은 산중에 있지만 축서사가 여느 도심 포교당 못지않게 사람들로 붐비는 것은 주지이자 선원장으로서 사부대중을 제접하고 있는 무여 스님 때문이다.

'공부하다 죽어라' 가풍이 살아있는 도량

"멀리서 오느라 고생이 많았지요?" 스님의 따뜻한 말씀에 고개가 절로 숙여진다. 한마디 한마디에 정성이 듬뿍 담겨있다.

　스님이 축서사에 처음 온 것은 1987년. 전각이라고는 서너 채에 불과했던 축서사는 지금 여느 교구본사 못지않은 인프라를 갖춘 대

봉화 축서사 전경.

찰大刹로 변신했다. 스님은 출재가 불자들이 한 번쯤은 방부를 들이
고 싶은 도량으로 축서사를 가꾸었다. 10개가 넘는 전각은 모두 단
단히 제몫을 하고 있다.

문수선원 스님들은 다른 선원이 3개월씩 정진하는 것과 다르게
5개월간 수행한다. 그것도 하루 15시간씩 오직 화두만 들고 있다.
보통의 안거보다 2개월 먼저 시작해 해제는 같이하는 시스템이다.
문수선원은 2006년 문을 연 이후 계속 '5개월, 15시간'의 원칙을 고
수하고 있다. 새벽 1시 45분에 시작하는 정진은 밤 10시가 돼서야
방선放禪을 한다.

재가자들이 정진하는 보현선원에서는 매 안거 때마다 20여 명이
무여 스님의 지도로 함께 정진한다. 산철결제도 있다. 산철결제는
안거 해제 후 음력 8월 1일부터 9월 15일까지, 음력 2월 1일부터 3월
15일까지 진행한다. 축서사에서 매월 셋째 주말 열리는 철야 참선
법회에도 200명 안팎의 재가자가 참여한다. 벌써 10년이 넘었다.

축서사의 공부 얘기가 나온 김에 간화선의 핵심에 대해 더 여쭈었다. 참선 수행의 요체는 '발심과 간절함'에 있다고 스님은 강조했다.

"우선은 진심으로 발심해야 합니다. 발심하지 못하면 이 공부 못합니다. 옛 어른들도 입버릇처럼 말씀하셨습니다. 깨달음을 이루고야 말겠다는 강한 의지와 집념을 갖는 것이 발심이요. '발심 있는 곳에 화두 있고 화두 있는 곳에 발심 있다'고 하잖아요.

또 절실해야 합니다. 해도 그만 안 해도 그만이 아니라 선禪 공부는 반드시 꼭 해야 하는 것이라는 절심함이 있어야 합니다. 며칠 굶은 사람이 밥 생각하듯이, 목마른 사람이 사막에서 물을 찾듯이, 또 어린아이가 어머니의 품을 그리워하듯이 그렇게 간절하게 해야 합니다. 요즘 돈 돈 하는데 돈 자체는 큰 괴로움입니다. 선禪과 잘 섞여야 돈이 행복으로 변해요. 인생의 진정한 행복, 보람, 긍지도 참선을 해야 느낄 수 있습니다."

스님은 그러면서 선지식의 역할이 중요하다고 덧붙였다.

"선지식은 대학 교수, 학교 교사와는 다릅니다. 선지식은 공부하고자 하는 사람들을 깨달음으로 인도할 수 있는 결정적인 원인을 제공합니다. 스님이든 재가자든 제대로 공부하려면 반드시 선지식에 의지해야 합니다."

스님은 매월 두 차례 법문을 통해 공부하는 사람들을 점검해 주고 있다. 초하루 법회와 셋째 주 토요 철야 참선법회가 그것이다. 법회가 아니더라도 궁금한 것이 있을 때는 언제든 찾아와서 물을 수 있도록 문을 열어놓고 있기도 하다.

"제가 스님들에게 강조하는 세 가지가 있습니다. 첫째, '승려 노릇 깨끗하고 여법하게 하라'는 것입니다. 계행戒行이 없으면 정定으로 들어갈 수 없고 지혜가 나오지 못합니다. 계행이 청정해서 여법하게 살아야 내면도 갖춰지고 지혜가 나타남을 잊지 말아야 합니다. 둘째, '늘 화두를 놓지 말아라' 하는 것이니, 자신이 하는 수행에 푹 빠져야 합니다. 그리고 셋째, '늘 자비하라'입니다. 수행자가 냉랭하면 안 됩니다. 자비가 뚝뚝 흘러야 합니다."

보조 국사 법향 더듬다 만난 혜암 큰스님

이처럼 '공부하다 죽어라' 가풍이 살아있는 도량 축서사에 대한 이야기에 이어 화제를 혜암 스님으로 돌렸다. 무여 스님의 출가인연부터 찬찬히 더듬었다.

"본래 출가할 생각은 없었습니다. 그런데 절집에 들어와 50년 가까이 살아보니 이것도 운명인 것 같습니다. 하하."

어려서부터 '잘 사는 법'에 대한 의문을 갖고 있던 스님은 여러 가지 길을 모색했으나 쉽게 답을 찾지 못했다. 대학에서 경제학을 전공하고 군대에 가 있으면서도 이 의문에 대한 답은 보이지 않았다. 그러다 휴가 때 우연히 들른 조계사에서 《반야심경》 법문을 듣고 발심을 했다. 책이나 강의를 통해서 만나지 못했던 감동이 다가왔던 것이다. 자연스럽게 독서의 대상은 불교 서적으로 옮겨가기 시작했다.

"제대를 하고 꽤 괜찮은 직장에 다녔지만 재미가 없었습니다. '나'라는 존재를 모르고 사는데 좋은 직업을 가진 것이 별 의미가 없었어요. 그러다 직장을 그만두고 해인사의 암자에 잠깐 머물다 출가가 제 길이라는 확신이 들어 바로 입산했습니다."

송광사와 통도사 등 몇몇 큰 사찰을 순례한 뒤 인연이 된 곳은 오대산. 당시 상원사 주지였던 희섭 스님을 은사로 출가했다.

그렇게 시작된 수행자의 길에는 신심과 환희가 넘쳤다. 제방에서 정진에 힘이 붙을 무렵, 스님은 순천 송광사 선원에 방부를 들이기 위해 길을 나섰다. 보조국사 지눌 스님의 가르침이 살아있는 송광사로 향하다 문득 지리산 상무주암 생각이 났다. 상무주암 역시 지눌 스님과 인연이 깊은 도량이었기 때문이다.

"1970년대 초반이었습니다. 기장 묘관음사에서 동안거 해제하자마자 송광사로 가 다음 하안거 방부를 들이려다 지리산으로 방향을 틀어 상무주암으로 갔습니다. 상무주암이 지눌 스님과 인연이 깊잖

무여 스님이 혜암 스님을 모시고 정진한 지리산 상무주암.

아요. 지눌 스님은 여기서《대혜어록》을 보다가 견처가 열렸습니다. 거기서 혜암 큰스님을 뵈었습니다. 전부터 큰스님에 대한 이야기는 많이 듣고 있었기 때문에 많이 반가웠습니다.

큰스님께서는 그때에도 일종식一種食과 장좌불와長坐不臥를 하고 계셨습니다. 철저한 수행자의 모습을 보니까 저도 함께 정진을 하고 싶은 마음이 생겼습니다. 어느새 송광사에 가고 싶은 생각은 없어지고, 결국 한 달 반 동안 상무주암에 머물렀습니다."

'작지만 강단 있는 인상'의 혜암 스님은 정진 외에는 관심이 없었다. 밤새 앉아있는 혜암 스님의 모습을 보는 것만으로도 신심이 샘솟았다. 무여 스님은 혜암 스님을 따라 정진을 시작했다.

"제가 공부의 맛을 조금 알았을 때여서인지 좌복 위에 잘 앉아있었어요. 큰스님께서는 '기특하다'며 격려 말씀을 많이 해주셨습니다.

상무주암에서 저는 큰스님의 면모를 봤습니다. 가장 기억에 남는 것은 큰스님의 의지입니다. 큰스님께서는 그리 건강한 편이 아니셨습니다. 더군다나 음식을 거의 안 드셨기 때문에 몸이 아주 왜소하셨어요. 그런 상황에서 장좌를 하게 되면 몸이 쪼그라들 수밖에 없습니다. 그런 좋지 않은 조건과 환경 속에서도 쉼 없이 정진하시는 모습이 정말 대단했습니다.

해인사 원당암에 있는 비碑 '공부하다 죽어라'의 모습 그대로였어요. 공부에 당신의 모든 것을 바쳤습니다. 우리는 정진할 때 '죽음'이라는 표현을 많이 씁니다. 죽을 각오로, 죽음을 무릅쓰고, 죽기 살기로 공부한다고 하잖아요. 공부와 죽음을 하나로 놓고 직접 실천하신 분이 바로 혜암 큰스님입니다.

무여 스님의 노스님이자 혜암 스님과 봉암사 결사에 함께했던 보문 스님.

큰스님 옆에 있다 보니 저도 자연스럽게 장좌불와 용맹정진을 했습니다. 저도 모르게 큰스님을 따라 했어요. 다만 저는 한 끼만 먹고 생활하는 것이 힘들었습니다. 그래서 저는 하루 두 끼를 먹었습니다. 하하."

상무주암에서 운명적인 한 달 반을 보낸 뒤 스님은 해인사, 송광사, 각화사 동암, 지리산 칠불암 등 여러 곳에서 혜암 스님을 모시고 정진했다. 혜암 스님은 봉암사 결사에 함께했던 무여 스님의 노스님 보문 스님에 대한 얘기도 많이 전했다고 한다. 수행에 있어 둘째가라면 서러워할 스님들이 그렇게 좋은 인연으로 묶이고 있었던 것이다.

해야 할 일은 반드시 한다

무여 스님은 혜암 스님이 공부와 정진을 가장 강조했지만 계행 역시 중요하다는 말씀을 많이 했다고 덧붙였다. 그러면서 "필요하고, 꼭 해야 하고, 좋은 일이라면 반드시 했던 어른"이라고 기억했다.

"1994년 종단개혁 당시 큰스님이 대중을 이끌고 개혁을 이뤄낼 수 있었던 것은 꼭 해야 하는 일에는 주저함이 없었던 당신 성품이 큰 작용을 했습니다.

제가 큰스님을 모시고 지리산 칠불암선원에 살 때입니다. 큰스님께서 보시기에 선방 주변에 정리해야 할 것이 많았던 것 같습니다. 특히 선방을 둘러싸고 있던 나무가 보기 좋지 않으셨던 거예요. 큰스님께서는 선방을 둘러보더니 나무를 싹 베어버리셨습니다. 나무가 많으면 선방의 기운이 음습해진다고 하셨어요. 공부에 방해가 된다고 말씀하셨습니다.

나무를 베어낸다는 소리에 깜짝 놀란 칠불암 주지스님도 혜암 큰스님의 속전속결을 막지 못했어요. 선방대중은 환영을 했지만 주지스님은 많이 속상해하셨습니다.

또 하나 얘기를 하겠습니다. 지리산에 청매 토굴이 있었습니다. 지금은 도솔암이 되었지요. 조선시대 선사인 청매 스님이 정진한 토굴입니다. 큰스님께서 청매 토굴을 찾아나섰는데 그곳은 길도 없는 깊은 산속에 있었습니다. 그래서 며칠 동안 당신 손으로 직접 넓은 길을 만드셨습니다. 지리산이 국립공원이어서 나무에 함부로 손을 대면 안 되는데도 큰스님께서는 인정사정 보지 않으셨습니다. 스님들이 정진할 곳이 방치돼서는 안 된다고 말씀하시던 모습이 생

원당암 달마선원에서 불자들을 지도하고 있는 혜암 스님.

생합니다.

지금은 전국 최고 재가선방이 된 해인사 원당암 달마선원 불사도 마찬가지입니다. 해인사 주변에서는 대규모 재가선원을 짓는 것에 반대하는 의견이 많았지만, 큰스님께서는 '선원을 잘 지어놓으면 공부하는 사람들이 많이 모일 것'이라며 불사를 진행하셨습니다.

이런 판단력과 실천력이 있었기 때문에 개혁도 이뤄내셨고 그 힘이 바탕이 되어 종정에도 추대되셨다고 생각합니다."

추진력도 대단했지만 선원의 어른으로서 책임을 지는 모습도 여러 번 봤다고 무여 스님은 전했다. 정진하는 대중이 수행에만 집중할 수 있는 환경을 만들고자 동분서주했다고 한다.

"큰 선방이건 토굴이건 간에 한 철 석 달을 사는 것은 보통 힘든 일이 아닙니다. 신경 쓸 것이 많아요.

각화사 동암에 살 때였습니다. 결제를 앞두고 하루는 큰스님께서 걸망을 챙겨서 같이 나가자고 하십니다. 살림에 필요한 것들을 사러 가자는 말씀이었어요. 그래서 따라나섰습니다.

안동에 갔습니다. 미리 연락을 해놓으셨는지 신도님들이 많이 모여 계셨습니다. 큰스님께서는 '보살님 눈높이'에 맞춰 법문을 하셨습니다. 친근함과 따뜻함이 묻어나는 법문이었습니다. 신도님들이 무척 좋아하셨습니다. 법문이 끝나고 공양을 하는데 말 그대로 진수성찬이었습니다.

공양이 끝나고 나서 큰스님께서 동암 사정을 설명하며 '보시 좀 하라'고 말씀하시는데, 그 모습이 너무 당당하십니다. 좋은 법문에 신이 난 신도님들은 누가 먼저랄 것도 없이 보시를 해주셨습니다.

혜암 스님이 '부모미생전 본래면목' 화두를 주는 모습.

안동 일정이 끝나고 나서 대구로 가서도 큰스님께서는 똑같이 하셨습니다. 그렇게 보시를 받아 필요한 물건들을 사서 동암으로 돌아왔던 기억이 납니다. 저는 그때 큰스님의 모습을 보면서 '저렇게 하는 것이 진짜 탁발이구나'라는 생각을 했습니다. 사실 화주를 할 때 스스로 부끄러우면 신도들한테 당당하게 말을 못합니다. 환희심이나 보시를 하는 신도들의 모습을 그때 처음 봤어요."

그렇게 무여 스님은 오랫동안 '진짜 도인'의 모습을 봤다. 수행정진에 빈틈이 없고 출재가 대중에게는 신심과 발심의 인연을 만들어 주던 혜암 스님이 지금도 자주 생각난다고 했다. 전국의 수많은 출재가 대중에게 참선의 맛을 알리고 있는 무여 스님의 모습은 혜암 스님의 그것과 너무 닮아있었다.

혜암 큰스님께서는 아주 모범적으로 공부를 하고 후학들에게 존경을 받은 선지식이십니다. 큰스님께서도 저를 많이 아껴주셔서 항상 감사한 마음을 갖고 있습니다.

열반하시기 몇 개월 전에 큰스님께서 축서사에 오셨습니다. 국수를 드시고 싶다고 하셔서 나름 정성껏 준비해서 마주 앉아 공양을 했습니다.

공양을 하다가 "인생은 무상하다네. 열심히 정진해야 하네"라고 큰스님께서 말씀하셨습니다. 제가 웃으면서 "큰스님! 저랑 같이 용맹정진 한번 하셔야죠!"라고 말씀드리니, "이번 생에는 더 못하겠네!"라고 하시던 말씀이 생각납니다.

제가 다시 "큰스님께서 그간 많이 애쓰셨는데 아쉬운 점은 없으십니까?" 하고 여쭈었습니다. "공부를 하려고 나름대로 애는 썼는데 짬지게 하지는 못한 것 같아"라고 하시더군요.

혜암 큰스님께서는 정말로 잘 사신 어른입니다. '인생무상'을 말씀하시던 모습이 너무 또렷하게 기억납니다. 오직 공부만을 강조하셨던 어른이 정말 그리운 요즘입니다.

"강철 같은 수행자였던
우리의 스승"

_충주 석종사 금봉선원장 혜국 스님

이번에도 가을이다. 절 입구에 늘어선 과수원의 빨간 사과를 보니 또 가을이다. 월담을 생각할 만큼 사과는 예쁘고 먹음직스러웠다.

물론 가을에만 석종사에 간 것은 아니다. 사시사철 대중을 제접하는 석종사 금봉선원장 혜국 스님은 언제라도 불자들에게 문을 열어놓는다.

"현대 들어 복원된 절 중 불사가 제일 잘 됐다"는 칭찬이 끊이지 않는 석종사는 일주문을 지나면 곧바로 재가선원과 템플스테이 수련관이 있다. 종무소와 요사채 등을 지나면 대웅전이 있고, 그 옆에 금봉선원과 혜국 스님의 주석처가 있다. 절 전체가 오직 수행을 위해 움직인다.

총림 그 이상, 석종사

오랜만에 왔으니 대웅전부터 들렀다. 다시 만난 대웅전 부처님보다 '佛日增輝 法輪常轉(불일증휘 법륜상전)' 글자가 더 눈에 들어온다. '불법佛法의 해는 더욱 빛나고 부처님 법륜은 항상 쉼 없이 구른다'는 말에 혜국 스님의 수행과 포교 의지가 가득 담겨있는 듯하다.

참배를 마치고 혜국 스님이 주석하고 있는 방으로 갔다. '祖宗六葉조종육엽'. 부처님의 가르침이 달마에서 혜능까지 선불교의 6대 조사에게 이어졌다는 이 글씨에서도 역시 석종사의 정체성을 확인할 수 있다.

"오랜만입니다. 어서 오세요." 변하지 않는 천진불 미소를 보여주는 스님에게 삼배를 올렸다. 스님 역시 맞절로 정성을 다한다. 스님 말씀을 듣기 위한 준비를 하려던 차에 부산에서 보살님 3명이 왔다. 약속 시간보다 일찍 간 탓에 혜국 스님이 불자들을 제접하는 현장을 생생하게 목격할 수 있었다.

"큰스님! 요새 화두가 잘 안 됩니다. 그러다 보니 전체적으로 몸과 마음이 다소 쳐집니다. 공부를 어떻게 해야 할까요? 다른 공부라도 해볼까요?"

"나한테는 약이 없는데…. 하하. 내 경험담을 하나 말씀드리지요. 20대 초반 해인사 선원에 있을 때 너무 공부가 안 돼 도반 3~4명과 선방을 떠나 가야산 마애불에 갔습니다. 절이라도 올리고 통곡이라도 하려고요. 그때는 승복이 귀한 때라 등산을 하면 땀에 젖을까 거의 옷을 벗고 갔습니다. 몇 시간 마애불에 있다 내려와 선원으로 가는데 그만 성철 큰스님께 들켰습니다. 옷도 벗고 있으니 노장님이 더 화가 났어요. 큰스님 앞에 가 사정을 말씀드렸습니다. 큰스님께서 물으셨습니다. '땅에서 넘어지면 어떻게 해야 하나?' '그 자리에서 다시 일어나야 합니다.' '너희 공부가 안 되는데 왜 마애불까지 괴롭혀? 화두가 안 되면 좌복 위에서 해결해야지!' 그때 무릎을 쳤습니다. 지금 보살님 공부가 잘 안된다고 다른 것에 눈을 돌리면 안 됩니다. 화두가 안 되는 이유를 찾아서 해결해야 합니다. 좀 더 해보시고 그래도 안 되면 다시 오세요."

혜국 스님다운 말씀이다. 근심 가득했던 불자들의 얼굴에 미소가 번지고 있었다.

석종사는 총림도 아니고 하물며 교구본사도 아니지만 그 이상의 기운을 내뿜는다. 안거 때마다 스님 30여 명, 재가불자 100여 명이 방부를 들인다. 외호대중까지 항상 150명 이상이 함께 정진한다. 안거 때 150명이 넘는 대중이 사는 절이 몇 채나 되었는지 선뜻 생각나지 않는다. 혜국 스님을 만나기 전 들른 공양간에도 사람들로

석종사 재가선원에서 정진하는 혜국 스님과 불자들.

북적였다. 산철 평일 낮에 공양을 먹는 사람이 족히 30명은 되었다.

당대의 선지식이 스승으로서 확고히 자리를 하고 있으니 대중이
몰려드는 것은 당연했다.

오로지 정진의 일념

잘 알려져 있듯이 혜국 스님은 어린 시절 일타 스님을 스승으로 모
시고 출가했다. 어린 상좌에게 일타 스님은 봄바람 같은 존재였다.

"우리 큰스님께서는 모든 사람에게 똑같이 따뜻함을 전해주는
봄바람 같은 분이셨습니다. 혹여나 당신의 말씀으로 누가 조금이라
도 마음에 상처를 입을까 늘 걱정하셨어요. 정말 세심하다고 할 정
도였습니다.

제가 송광사에서 3년 결사를 끝내고 해인사 지족암에 인사를 드

리러 가니 아주 반가워하셨습니다. 큰스님께서는 '너는 결사를 끝냈는데 나는 그동안 투철한 정진 시간을 보내지 못했다. 이런저런 사람 만나느라 나 자신을 추스를 시간이 별로 없었어. 나는 이제 21일간 묵언정진을 할 것이니 네가 날 찾아오는 사람 막는 문지기를 좀 해라'라고 하셨어요. 그래서 저는 큰스님 말씀대로 열심히 문지기 노릇을 했습니다. 한 6일쯤 지나니 오래전부터 큰스님을 모시던 서울과 부산의 보살님 몇 분이 오셔서 친견을 허락해 달라고 합니다. 저는 절대 안 된다고 소리를 질렀습니다. 큰스님께서 창문으로 이 광경을 보고 손짓으로 '안으로 들여보내라'고 하셨습니다만, 저는 안 된다고 했어요. 결국 그 보살님들은 발걸음을 돌렸습니다.

저녁에 공양을 하는데 일타 큰스님께서 필담으로 '너는 중생들 마음을 아프게 해놓고 밥이 목구멍으로 넘어가냐?'고 하십니다. 큰스님께 죄송해서 부랴부랴 그 신도님들에게 사과 전화를 했더니 그분들은 '괜찮습니다. 큰스님 묵언수행 잘 회향하도록 해주세요'라고 저를 위로해 주셨습니다. 그분들 목소리를 듣고 난 큰스님께서 다시 글로 '밥 먹자'고 하셨던 기억이 납니다.

그렇다고 큰스님께서 수행을 소홀히 하신 것도 아닙니다. 큰스님은 위법망구爲法忘軀의 일념으로 연지공양燃指供養을 하셨어요. 오른손 엄지손가락만 남기고 나머지 네 손가락을 불태워 당신의 의지를 다지셨습니다."

스승을 닮아서일까? 젊은 시절 혜국 스님도 해인사 장경각에서 10만 배를 하고 연지공양을 했다.

스님은 성철, 경봉, 구산 스님 등 수많은 당대의 어른을 모시고 공부했다.

"성철 큰스님께서는 후학들에게 조금의 틈도 허락하지 않으셨어요. 해인사 선원대중은 발소리만 듣고도 성철 큰스님 오시는 줄 알고 자세를 바로잡았어요. 나중에 큰스님께서는 대중의 꾀를 알고 하안거 때는 문 열어놓고 정진하라고 하실 정도로 철두철미했습니다.

구산 큰스님께서도 아주 호되게 경책하셨습니다. 큰스님께서는 대중을 따로 불러 질문을 하셨습니다. 그때 대답을 못하면 사정없이 죽비를 내리치셨습니다. 뉴질랜드 출신의 한 상좌가 '코끼리 잡듯이 때린다'고 푸념할 정도였습니다. 하하.

반면에 경봉 큰스님께서는 자비로운 할아버지의 모습으로 '참선 잘 하고 있지? 자면 안 돼!'라고 대중을 독려하셨습니다. 어른들이 쓰신 방법은 달랐지만 대중을 아끼는 마음은 다 똑같았습니다."

혜국 스님은 "어른들이 계시지 않았다면 오늘날의 저는 없었을 것"이라며 "어른들께서 주신 은혜를 이제 후배들에게 잘 전해주는 일만 남았다"고 했다.

오직 도道를 위해 사셨던 혜암 큰스님

스님의 수행여정에서 혜암 스님 역시 중요한 인연이었다. 혜국 스님은 "해인사, 송광사, 봉암사, 각화사 등에서 큰스님을 모셨다. 혜암 큰스님과의 인연 하나하나가 공부의 과정이었다"며 다양한 일화를 전했다.

"큰스님들의 자취를 잘 살펴보면 크게 두 가지로 나누어볼 수 있습니다. 태어날 때부터 특출하게 오시어 특별한 삶을 살다 가신 어른이 있는가 하면, 평범하게 태어나서 후천적으로 애써 수행하여 걸출한 삶을 살다 가신 분이 있습니다. 혜암 큰스님께서는 후자십니다. 너무나 평범하게 오셨지만 한평생 장좌불와長坐不臥와 난행고행難行苦行을 통해 조계종사에 큰 획을 그어놓고 떠나셨습니다. 후학들에게 가능성을 보여주고 희망을 심어주신 것입니다.

제가 큰스님을 처음 모신 때가 아마 1969년 정도 아닌가 싶어요. 큰스님께서는 지금의 퇴설당 작은 방에서 장좌불와와 일일일식一日一食을 하고 계셨습니다. 저는 인천 용화사에서 동안거 해제를 하고 해제철에 용맹정진을 하려고 몇몇 젊은 수좌와 함께 해인사 선방인 선열당에 모였습니다.

용맹정진을 하겠다고 말씀드리자마자 큰스님께서 기다리셨다는 듯, '그럼 내가 죽비를 쳐주지!' 하면서 저희를 지도해 주셨습니다.

'용맹정진하다가 죽는 놈 못 봤어. 용맹정진하다가 죽는다면 그보다 수지맞는 장사는 없어. 정진하다가 죽을 수만 있거든 죽어버려. 내가 화장해 줄 테니까.'

후학들이 정진한다고 하니 너무 기뻐하시던 그 모습을 잊을 수가 없습니다. 큰스님께서 경책을 해주시는데, 요즈음 표현을 빌리자면 장난이 아니었어요. 마치 장작 패듯 장군 죽비로 마구 때리셨습니다. 그러다가 빈자리가 있으면 '이 수좌 어디 갔어? 똥간에 가봐. 거기서 자고 있을 것이여!'라고 말씀하셨어요.

용맹정진은 4~5일째에 가장 많이 잠이 쏟아집니다. 한창 정신없이 졸음이 쏟아지는데 혜암 큰스님은 우리를 이끌고 눈밭에 나가서 포행을 하셨어요. 하얀 눈으로 덮인 온 산하에서 큰스님이 후학들을 데리고 거꾸로 돌고 바로 돌고 하시며 공부시켜 주시던 그 노파심절을 이제 어디서 뵐 수 있을지 모르겠습니다."

스님은 혜암 스님의 수행열정과 후학지도에 이어 스님으로서 위

선원에서 후학들을 경책하고 있는 혜암 스님.

강철 같은 수행자였던 우리의 스승

의威儀를 지켰던 일화도 한 토막 소개했다.

"하루는 정진을 끝내고 나서 종무소에 다녀오시더니 '대중스님들 잠깐 앉아봐. 나 오늘부터 주지 좀 해야겠네'라고 하십니다. 해인사 주지를 맡았다는 말씀인데, 그것도 소임 내내 선방에 계시면서 몇 달을 하셨을 것입니다.

아마 그때쯤이라고 생각됩니다. 대구 포교당에서 법문이 있어서 어렵게 모셨을 때입니다. 그때만 해도 교통이 불편한 때라 버스가 자주 없었어요. 큰스님께서는 일찌감치 준비하여 대구로 나가셨습니다. 그런데 너무 일찍 나가셔서 2시간이나 기다려야 했어요. 그 당시 대구에는 '덕산탕'이라는 목욕탕이 새로 생겨서 한창 소문이 났을 때입니다. 그때는 때 미는 사람이 별로 없을 때인데, 덕산탕에는 때 미는 사람이 있을 정도였습니다. 포교당 주지스님이 큰스님을 덕산탕에 모시고 가서 때 미는 사람에게 '큰스님 때 밀어드리라!' 하며 돈을 주고 갔던 모양입니다.

때밀이 총각이 들어와서 때를 밀어드리려고 하니 큰스님께서 '그만둬! 그만둬! 내 손발이 멀쩡한데 왜 남의 손 빌려서 때를 밀어?'라고 거부를 하셨어요. 그러자 총각은 때를 밀어야 돈을 받을 수 있다며 큰스님께 사정을 했습니다.

한참 실랑이를 하다가 큰스님께서는 '그러면 삼배를 하고 때를 밀어라'라고 하셨어요. 그 모습이 어떠했겠어요? 정말 볼 만 했습니다. 그러거나 말거나 혜암 큰스님께서는 다 내려놓은 채로 목욕탕 바닥에 결가부좌하고 앉아서 절을 받으셨어요. 큰스님께서는 시간과 장소를 가리지 않고 오직 수행자이기를 원하셨습니다."

스님임을 잊지 않았던 혜암 스님의 일화였다. 혜국 스님은 흐트러짐 없었던 혜암 스님의 정진자세에 대한 이야기도 덧붙였다.

"일타 큰스님께서 태백산 도솔암에 계실 때입니다. 제가 혜암 큰스님을 모시고 도솔암에 갔습니다. 오랜 시간 깊은 산을 걸어서 올라갔습니다. 도솔암은 조그만 방 하나와 재래식 부엌 하나가 전부인 조그만 암자에요. 늦은 저녁까지 이 얘기 저 얘기 나누시다가 주무실 시간이 되자 혜암 큰스님께서는 작은 좌복 하나 가지고 방 앞 툇마루에 나가셨어요. 큰스님은 밤새 눕지 않고 그냥 앉아서 정진하며 밤을 꼬박 보내셨습니다. 일타 큰스님께서 '노장님 참 지독하

반갑게 인사를 나누는 혜암 스님과 혜국 스님.

강철 같은 수행자였던 우리의 스승

지. 저런 강단이 있으니 평생 장좌하시겠지'라고 저한테 말씀하셨어요.

열반에 드시기 얼마 전에는 상좌스님들이 큰스님을 모시고 제가 있던 제주도 남국선원에 오셨습니다.

'혜국 수좌! 나 남국선원 선방 좀 봐야겠어. 제주도에는 선방이 남국선원 하나뿐이잖어. 계속 잘 운영해 나가야지. 선방이 없으면 절은 안 되는 거여. 서로 힘을 모아 선방이 커나가도록 노력들 해야 돼. 그러니 내가 남국선원 선방에 좀 앉아보고 가야겠어.'

남국선원에 많은 수좌가 와서 정진 잘 하게 하라는 당부 말씀을 아직도 잊을 수가 없습니다."

혜국 스님은 혜암 스님을 '강철 같은 수행자'라고 했다. "스스로 강철이 되어 모든 어려움을 극복하고 깨달음을 이룬 진짜 수좌"라고 강조했다. 혜국 스님의 말씀을 들으며 혜암 스님의 수좌 정신을 더 생각했다. 혜국 스님은 혜암 스님의 가르침을 제대로 잇기 위해 오늘도 고군분투하고 있다.

스님에게 혜암 큰스님은 어떤 존재인가요?

혜암 큰스님께서는 강철처럼 사신 분입니다. 자신과의 싸움에서 이겨낸 분, 자신을 이겨내서 승자의 삶을 살다가신 어른이십니다.

큰스님께서는 오직 화두 하는 그놈만 '나'지, 그 외에는 전부 업 짓는 것이라고 하셨어요. 화두공부가 안 되면 끝까지 되도록 하라고 하시면서, 그것이 생사윤회를 벗어나기 위해 출가한 우리의 의

무라고 강조하셨습니다.

　큰스님의 걸음걸이는 오직 도道를 위한 것이었습니다. 도가 아닌 말씀은 안 하셨고 도가 아닌 행동은 하지 않으셨어요. 큰스님께서는 후학들에게 큰 숙제를 남기고 떠나신 우리의 영원한 수행자이십니다.

강철 같은 수행자였던 우리의 스승

"큰스님은 내 수행의
나침반"

_금정총림 범어사 수좌 인각 스님

'도반道伴'이라는 말에는 우정 이상의 의미가 담겨있다. 마음을 모아 온갖 난관을 극복하고 평생 같은 곳을 보며 함께해 왔기에 그 무엇으로도 설명할 수 없는 '묵직함'이 도반 사이에는 존재한다. 이런 관계라면 도반의 스승도 나의 스승이 될 수밖에 없을 것이다.

가을을 재촉하는 비가 쏟아지던 날 부산 금정산을 찾았다. 가을비치고는 제법 내리는 양이 많았지만 범어사를 찾은 사람들이 적지 않았다.

범어사의 상징 조계문曹溪門에서 어김없이 '선찰대본산禪刹大本山'을 확인한다. 그런데 이번에 본 조계문은 몇 년 전 봤던 것과 느낌이 많이 달랐다. 아마 몇 해 전 범어사가 '금정총림金井叢林'으로 공식 지정되었기 때문일 것이다. 방장 지유 스님과 수좌 인각 스님을 비롯한 많은 대중이 큰 숲을 이루며 사는 범어사는 여지없이 총림의 위용을 드러내고 있었다.

금정총림의 수좌

금어선원金魚禪院의 문을 조심스럽게 열었다. 빗속에서도 선원의 당
당함은 여전했다. '黙言把定 速成正覺(묵언파정 속성정각) - 묵언으
로 선정에 들어 속히 정각을 이룬다'고 쓰인 선방 주련이 선원의 가
풍을 단적으로 드러내고 있다.

고개를 돌리니 선원 요사채의 작은 방 앞에 신발이 하나 놓여있
다. 수좌 인각 스님의 방이다. 일반 대중처소와 다르지 않은 방문을
열었다. 스님은 현재 금정총림 범어사 금어선원에 주석하며 후학들
을 제접하고 있다. "먼 길 오느라 고생했다"며 차를 내준 인각 스님
은 금정총림의 가풍을 먼저 소개했다.

금정총림 범어사 금어선원 전경.

"금어선원은 1899년 개원 이후 경허, 용성, 성월, 만해, 성철 스님 등 당대를 대표하는 선지식들께서 정진을 하신 곳입니다. 한때 범어사에는 9개의 선원이 열렸고 100여 명의 납자가 함께 수행했을 정도로 열기가 뜨거웠습니다.

특히 동산 노스님께서 조실로 계시면서 아주 큰 가람을 일구셨습니다. 동산 노스님의 가풍이 있기에 명실상부한 선찰대본산으로 범어사가 남아있다고 생각합니다.

오전 2시에 기상해 오후 10시 취침하는 것이 하루 일과입니다. 공양 시간 등을 빼고 하루에 기본적으로 12시간 정도 정진합니다. 참선에는 출재가가 따로 없습니다. 단지 발심과 신심이 문제에요. 간절한 마음으로 공부에 임하면 반드시 깨달음을 이룰 수 있습니다. '大疑之下 必有大悟(대의지하 필유대오)'라고 했습니다. 크게 의심하면 반드시 큰 깨달음을 얻을 수 있습니다. 마음만 있으면 누구나 할 수 있는 참선을 통해 모든 이가 깨달을 수 있을 것입니다. '목숨을 잃을지언정 화두는 잊지 말라'는 당부를 꼭 하고 싶습니다."

수좌로서 대중의 정진을 살피고 있는 인각 스님이 바로 앞서 말한 도반 중 한 분이다. 다른 도반은 해인총림 방장 원각 스님. 언젠가 원각 스님에게 인각 스님에 대한 말씀을 들은 적이 있다. 원각 스님이 언제라도 마음 편히 만나 속 이야기를 나누는 도반이 인각 스님이라고 했다. 원각 스님 얘기를 하니 인각 스님은 멋쩍은 웃음을 보여준다.

"얼마 전에 원각 스님 출가 50주년이었습니다. 해인사에서 금산식金山式을 한다며 와서 축사를 해달라고 하는데 사정이 생겨 가지 못했습니다. 만약 축사를 했다면 다른 것보다 제가 원각 스님의 도반인 이유를 설명했을 것입니다.

원각 스님과 저는 공부 도반이요, 등산 도반이며, 성지순례 도반입니다. 원각 스님은 누구보다 진실하게 공부를 해왔습니다. 제방에서 여러 번 같이 살며 정진했기 때문에 스님의 진면목을 잘 알고 있습니다.

또 등산을 할 때면 제가 많은 도움을 받습니다. 지리를 잘 알고 길눈이 아주 밝아요. 성지순례를 할 때도 마찬가지예요. 원각 스님은 일어와 영어를 잘합니다. 어디에 가든 가이드가 필요 없을 정도입니다.

오랜 시간 동안 자주 만나다 보니 사람들이 저와 원각 스님이 사

혜암 스님과 자리를 함께한 인각 스님과 원각 스님.

형사제인 줄 압니다. 법명 뒷글자 '각覺'이 꼭 돌림자처럼 느껴지기도 하고 또 워낙 격의 없이 지내다 보니 그런 것 같아요. 하하."

이처럼 마음을 나누는 두 스님 사이에는 공통분모가 하나 더 있다. 바로 혜암 스님이다. 원각 스님의 스승이지만 인각 스님의 스승이기도 했다. 인각 스님의 출가 인연부터 혜암 스님을 모시고 공부한 과정은 흥미진진했다.

선지식과의 인연을 만들어가다

"제가 출가를 발원한 것은 중학교 3학년 때 고향집 근처 동학사로 수학여행을 가 2박 3일간 비구니스님들의 여법한 수행을 보고 나서부터입니다. 그 전에는 교회도 가보고 성당도 나갔었는데 동학사에서 3일을 보내고 나서는 제 삶의 방향이 바뀌었습니다.

출가 전 10여 년간 전국의 도인들을 찾아다녔습니다. 그러다 법주사와 불국사를 거쳐 최종적으로 범어사로 왔습니다. 행자생활을 마치고 당시 범어사 주지 소임을 보시던 능가 큰스님을 스승으로 모시고 출가했습니다. 능가 큰스님께서는 1970년도에 세계의 불교지도자들을 한국으로 초청해 불교대회를 열었을 정도로 신심과 원력이 대단한 어른이십니다. 그때 공산권 국가의 불교지도자들을 초청한다는 것은 감히 상상도 못했던 일입니다. 지금도 내원암에 주석하시면서 금정산의 든든한 버팀목이 되어주고 계십니다."

스님은 범어사 강원을 마친 직후부터 제방선원에서 정진했다. 정진을 하면서도 전국의 선지식을 찾아다니며 공부했다. 인천 용화선원의 전강 스님, 순천 송광사 구산 스님, 지리산 벽송사의 창현 스님, 현풍 도성암 성찬 스님, 기장 묘관음사 향곡 스님, 해인사 백련암 성철 스님, 문경 봉암사 서암 스님 등을 모시고 공부했다.

특히 인연이 깊었던 어른은 향곡 스님과 성철 스님이다. 향곡 스님이 열반했을 때에는 다비장에서 꿈쩍도 않고 어른의 마지막 길을 배웅했다.

"전강 큰스님의 법문은 사람들의 마음을 움직이게 하는 힘이 있었습니다. 큰스님의 법문을 들으면 정진하고자 하는 마음이 솟구쳤습니다. 구산 큰스님께는 보조어록을 배웠습니다. 보조 스님의 다양한 가르침을 섭렵하는 계기가 됐습니다.

향곡 큰스님과도 많은 인연이 있습니다. 큰스님께서 열반하시던 그때 묘관음사 길상선원에 있었습니다. 제가 당시 동화사 주지 서운 스님 말씀에 따라 큰스님을 동화사 조실로 모시려고 길상선원에 갔다가 큰스님께서 거부하시는 바람에 동안거를 길상선원에서 났습니다. 그것도 인연이라고 감사하며 큰스님을 모시고 있었는데 그때 그만 열반하셨습니다.

성철 큰스님께는 수좌오계와 글귀를 하나 받았습니다. '殺人不眨眼底漢 方可立地成佛(살인불편안저한 방가립지성불)―사람을 죽이고도 눈 하나 깜짝하지 않는 사람이라야 바야흐로 성불할 입지를 가진 사람이다'라는 글입니다. 큰스님께서는 제가 정진할 수 있는 힘을 주셨습니다."

한국의 선禪을 대표하는 대종장大宗匠들과의 인연은 여기서 끝나지 않는다. 인각 스님이 잊을 수 없는 인연, 혜암 스님의 가르침도 빼놓을 수 없었다.

혜암 스님을 모시고 자리를 같이한 인각 스님과 성우 스님.

정진제일 혜암 큰스님

"혜암 큰스님은 제가 선방에 다닐 때부터 뵈었고 몇 번 인사를 드렸었습니다. 큰스님을 가장 가까이서 모시고 산 것은 아마 1975년 동안거 때 지리산 칠불암에서가 아닌가 싶습니다.

제가 칠불암에 간 이유가 몇 가지 있었습니다. 첫 번째는 물론 혜암 큰스님 때문이었습니다. 제방에서 큰스님은 '정진제일수좌'로 소문이 나 있었습니다. 장좌불와長坐不臥와 일종식一種食을 하는 스님으로 유명했어요. 그래서 꼭 모시고 싶었어요.

혜암 큰스님께서 나중에 칠불암 운상선원을 중수할 때 홀연히 청색 사자를 탄 문수보살을 친견하고 게송으로 수기를 받으셨다고 하지요.

塵凸心金剛劋 진철심금강마
照見蓮攝顧悲 조견연섭고비

때문은 뾰족한 마음을 금강검으로 베어내서
연꽃을 비추어 보아 자비로써 중생을 섭화하여 보살피라.

이렇듯 혜암 큰스님과 칠불암은 큰 인연이 있는 곳입니다.

두 번째는 칠불암의 역사 때문입니다. 금강산 마하연과 함께 한국을 대표하는 선원이 칠불암이었습니다. 그만큼 도인이 많이 나온 곳입니다. 김수로왕의 칠형제가 성불한 도량이라고 해서 칠불七佛이잖아요. 일곱 왕자의 성불 소식을 들은 수로왕이 크게 기뻐하여 이곳에 큰 절을 짓고, 일곱 부처가 탄생한 곳이라 해서 칠불사로 불렸다고 합니다.

이런 인연으로 칠불암에 방부를 들였습니다. 걸망을 메고 화개에서 30리를 걸어서 칠불암에 갔어요. 길을 가다 보니 마치 예전에 제가 와본 것 같은 느낌이 들어요. 아마 전생에 제가 정진한 곳이라는 생각을 하며 칠불암에 도착하니 큰스님께서 '잘 왔다'고 하시면서 무척 반가워하셨습니다. 걸망도 풀지 못한 채 두 시간 동안 마당 평상에 앉아 법문을 들었던 기억이 납니다. 그때 비구 결제대중이 15명 정도, 비구니와 보살님들이 13명 정도 살았던 기억이 납니다."

혜암 스님은 수좌들의 정진을 지도하면서 외호에도 힘썼다. 수좌들이 필요로 하는 것은 30리 길을 마다하지 않고 내려가 구해왔다. 일이 생기면 하루에도 몇 번씩 지리산을 오르내렸다. "큰스님은 몸이 가벼우셔서 30리 길을 금방 왔다 갔다 하셨어요. 토끼가 총총걸음으로 뛰듯이 지리산을 누비셨습니다."

혜암 스님이 시장을 봐오는 날에는 대중이 지게를 지고 내려가 물건을 실어 올렸다.

"큰스님께서는 상당히 깔끔한 성격이셨어요. 칠불암으로 오는 길을 항상 직접 쓰셨어요. 아주 깨끗하게 말입니다. 철두철미한 성격은 수건 하나를 정리하실 때도 여실하게 드러났어요.

큰스님께서 말씀을 하셔서 대중 전부가 생식을 했습니다. 들깨와 쌀을 빻을 수 있는 도구들을 한 세트씩 전부 맞춰서 가지고 있었습니다. 칠불암 한편에 새파랗게 말린 시래기를 그대로 먹었어요. 큰스님께서 '달다, 달다'고 말씀하셔서 궁금했는데 그렇게 맛있을 수가 없었습니다.

안거 중에 한번은 대중이 두부를 먹고 싶다고 하자 큰스님께서는 마을로 내려가 직접 두부를 구해오셨어요. 그냥 해본 말이었는데도 큰스님께서 두부를 직접 가져오셔서 대중이 전부 놀랐어요. 저도 두부 3모를 맛있게 먹었던 기억이 나네요.

큰스님께서는 그때도 '공부하다 죽어라'를 강조하셨습니다. 죽을 힘을 다해 공부하지 않으면 후회할 것이라며 수좌들을 이끌었어요. 좋은 분위기 속에서 다들 열심히 정진했습니다."

동안거가 계속되면서 정진 분위기가 최고조에 이를 때쯤 갑자기 이후락 일행이 칠불암에 왔다. 당시 '나는 새도 떨어뜨린다'는 위세를 부리던 이후락이었다. 이후락 일행은 비구들이 정진하던 선방에

1988년 해인사에서 열린 선화자법회 당시 혜암 스님과 인각 스님.
선방 어른들도 함께했다.

서 잠을 자겠다며 방을 점거했다. 이를 본 혜암 스님이 가만있지 않을 것임은 명약관화明若觀火.

"당장 선방에서 나오라"며 호통을 친 혜암 스님은 보살님들이 기거하던 방에 이후락 일행을 데리고 가 철야정진을 시켰다. 혜암 스님의 선지와 당당함에 매료된 이후락은 철야정진을 하면서 발심을 하고 말았다. 다음 날 이후락은 혜암 스님에게 청을 했다. "칠불암을 동양제일선원으로 만들어드리겠습니다. 필요하신 것이 없으실까요?" 혜암 스님은 일언지하에 이후락의 청을 거절했다. 나중에 알게 된 일이지만 이후락은 칠불암 인근 주민들에게 일일이 봉투를 돌리며 칠불암과 혜암 스님의 외호를 부탁했다고 한다.

"칠불암에서 그렇게 한 철을 모시고 살았습니다. 그 한 철이 저에게는 평생 의미가 있습니다. 성철 큰스님과 향곡 큰스님, 혜암 큰스님, 현재 종정이신 진제 큰스님 등께서 주창하신 돈오돈수頓悟頓修 가풍을 배울 수 있었던 시간이기도 했습니다. 혜암 큰스님께서는 어른스님들의 가르침을 직접 배웠고 또 같이했기 때문에 수행의 핵심을 가장 정확하게 보셨다고 생각합니다."

인각 스님은 그 후로도 문경 봉암사를 비롯한 여러 선방에서 혜암 스님을 모셨다. 범어사에서 수계산림이 열릴 때면 혜암 스님은 항상 제일 먼저 인각 스님의 방에 들렀다.

발심을 유난히 강조했다는 혜암 스님을 전범典範으로 후학들을 이끌고 있는 인각 스님이 있는 금정총림 범어사의 미래는 밝아보인다. 인터뷰를 마치고 방문을 열어보니 비가 쏟아지던 금정산에는 어느새 맑은 햇살이 내려오고 있었다.

큰스님께서는 제 수행의 나침반입니다. 큰스님께서 하셨던 대로 하면 됐습니다. 저에게 발심의 계기를 계속 만들어주신 것이 지금도 생각납니다. 발심이 안 되면 재발심하고 또 재발심하라고 하셨어요. 이산혜연 선사의 발원문에 보면, '장우명사長遇明師'라는 말이 있습니다. 눈 밝은 스승을 만나 오랫동안 모시고 싶다는 뜻입니다. 혜암 큰스님께서는 저에게 장우명사가 아니었을까 생각을 해봅니다.

"큰스님의 수좌 정신이
그립습니다"

_팔공총림 동화사 유나 지환 스님

'내 생명 부처님 무량공덕 생명. 용맹정진하여 바라밀 국토 성취한
다.' '우리는 햇불이다. 스스로 타오르며 역사를 밝힌다.'

오랜만에 찾은 서울 잠실 불광사 입구에 새로운 표지석이 들어섰
다. 광덕 스님의 핵심 말씀을 새겨 '전법도량 불광사'의 본래면목을
다시 한 번 드러냈다.

'도심포교당'이라는 개념조차 없던 1982년 서울 잠실 허허벌판
에 세워져 전법傳法의 수많은 모범을 보이며 전설과 전통을 만들어
온 불광사는 이제 한국불교의 포교를 상징하는 도량이 되었다.

불광사에서 팔공총림 동화사 유나維那 지환 스님을 만났다. 스님
이 불광 창립기념 법회에 참석한다는 소식을 듣고 부리나케 달려갔
다. 잘 알려져 있듯이 스님은 광덕 스님의 상좌다.

운명처럼 다가온 어른들과의 인연

고등학생 시절부터 출가의 꿈을 가지고 있던 스님은 1966년 대학
에 입학하자마자 당시 봉은사에 있던 대학생 수도원에 들어가 불교
공부와 학과 공부를 했다.

대학생 수도원에 들어가기 위해서는 성철 스님이 주석하고 있
던 문경 김용사에 가서 1주간 매일 삼천배를 해야 했다. 스님은 이
미 발심해 있었기 때문에 3주간 매일 삼천배를 했다. 절하는 동안
틈나는 대로 성철 스님의 법문을 들었는데, 법문을 들을수록 출가
하고 싶은 생각이 커졌다. 성철 스님은 지환 스님의 생각을 꿰뚫
어 보고 "대학 다니지 말고 출가하라"고 권했다. 성철 스님의 말씀
에 따라 대학 1학년 2학기 때 학교생활을 정리하고 김용사에서 공
양주 소임을 시작했다. 이듬해 해인사로 가서 정식으로 출가하려고

하니, 해인총림 방장이 된 성철 스님이 돌연 대학을 졸업하고 오라
고 했다. 그래서 다시 봉은사 대학생 수도원으로 돌아갔다.

상심이 컸던 스님에게 광덕 스님은 '無爲心內 起悲心(무위심
내 기비심)'을 던졌다. 나중에 안 것이지만 이 말은《천수경》에 나오
는 것으로 '함이 없는 마음속에 자비심을 일으키라'는 말씀이었다.
스승의 화두와 같은 말씀이 계기가 된 것일까? 그렇게 인연이 돼
1967년 출가한 지환 스님은 대학생 수도원에서 지내다가 1969년
광덕 스님을 은사로 계를 받았다.

"광덕 큰스님께서는 신심과 원력, 애종심으로 오직 종단과 불교
만을 생각하셨습니다. 그랬기 때문에《불광》을 발간하고 또 대중포

신도들과 즐거운 시간을 보내고 있는 광덕 스님.

교에도 적극적으로 나서셨던 것입니다. 다만 안타까운 것은 큰스님께서 당신의 몸도 좀 돌봤어야 했는데, 전혀 그러시지 않은 것입니다. 훗날 큰스님께서 많이 편찮으신 것도 젊은 시절은 물론이고 말년까지 너무 무리하신 결과라고 생각해요."

지환 스님은 광덕 스님을 모시면서도 시간이 될 때마다 선방에 방부를 들였다. 그동안 용주사, 범어사, 해인사, 통도사, 쌍계사, 고운사, 실상사 백장암, 백양사 운문암, 동화사 등의 선원에서 정진했다. 전강, 성철, 서옹, 혜암 스님 등 당대의 내로라하는 선지식들을 모시고 공부했다. 스님은 현재 조계종 종정인 진제 스님을 오랫동안 모시며 팔공산 동화사 선원에서 정진하고 있다. 조계종 기본선원장과 전국선원수좌회 공동대표 등을 역임하기도 했다.

"40대 초반으로 기억합니다. 소백산 고금당선원에서 앉은 채로 화두일념이 돼 밤을 새워 정진하면서 아침을 맞이하곤 했어요. 그 무렵에는 동정動靜 간에 공부가 되었고, 경안輕安한 상태에 올랐습니다. 그때 공부를 밀어붙였어야 하는데, 더 나아가지 못한 것이 아쉽습니다."

그래서인지 스님은 앞으로도 공부하다 죽겠다는 생각으로 정진하겠다고 했다. 이번 생에서 공부 인연을 만들고 싶다는 것이다.

"정법正法을 만나는 것은 정말로 어려운 일입니다. 부처님 가르침만난 것을 소중한 인연으로 생각하고 진정한 불자가 되기를 바랍니다. 발심해서 하루하루 부처님 은혜에 감사하며 살면 행복한 삶이 열릴 것입니다. 진실로 '부처님 감사합니다'라는 생각을 하면서 만나는 모든 인연을 소중하게 생각하고 정진하시길 부탁드립니다."

스님은 불자들에게도 당부의 말을 잊지 않았다. 스님은 당신의 수행 여정을 설명하면서 여러 차례 혜암 스님과의 인연을 전했다. 본격적으로 한 걸음 더 들어갔다.

실참 수행의 모델이자 교과서

"혜암 큰스님은 해인사 선원에서 1970년대 초에 처음 뵀습니다. 아주 솔직 담백하시고 순수 청정한, 그러면서도 좀 인간적인 면이 많이 느껴지는 어른이셨어요. 아마 당시 큰스님께서는 해인총림 유나 소임을 맡으셨던 것으로 기억이 납니다. 방장이시던 성철 큰스님께서는 주로 백련암에 계시면서 해인사에 왔다 갔다 하셨습니다.

어느 해 봄 산철 결제에 큰스님께서는 '정예 수좌' 20여 명을 선발하셨습니다. 그리고 지금은 방장스님이 계시는 곳이지만 당시에는 수좌들의 가행정진 공간이었던 퇴설당에서 특별정진을 하셨습니다.

하루 일과는 새벽 2시에 시작하여 밤늦게까지 이어지는 17시간의 강행 정진이었어요. 특히 오전 7시부터 오후 5시까지는 점심공양도 생략한 채 집중정진을 시키셨습니다.

처음에는 많이 배가 고팠습니다. 그런데 정진에 힘이 붙자 오히려 점심공양이 수행에 방해가 된다는 것을 알았어요. 오전 9시부터 점심공양할 시간대가 화두에 대한 집중력이 최고조에 이릅니다. 마음이 맑아지고 투명해집니다. 그때의 그 맛은 달리 표현이 안 될 정도로 좋습니다. 저도 큰스님의 지도에 따라 정말 열심히 했습니다."

지환 스님은 말을 이어갔다. "아마 큰스님께서 그 전에 퇴설당에서의 정진과 같은 일정으로 직접 수행을 해보셨던 것 같습니다. 당신께서 그때 공부에 큰 도움을 받으셨고, 이를 전하고자 의지가 있는 후학들을 직접 불러 모아 같이 수행하셨던 것 같습니다. 저는 그때의 공부 경험이 큰 자산이 돼 지금까지도 많은 도움을 받고 있습니다. 지금도 정진이 잘 되면 점심을 건너뛰고 저녁에 방선放禪하는 경우가 많습니다. 하하.

큰스님께서는 말씀을 하시기보다는 직접 대중과 같이 앉아 정진하셨습니다. 그 모습이 아직도 제 기억에 또렷합니다. 대중과 함께 솔선수범하는 지도자가 바로 혜암 큰스님이셨습니다. 큰스님께서 해인총림 방장으로 계실 때에도 평생 해오신 대로 오후불식午後不食 장좌불와長坐不臥를 계속하셨습니다. 당시 선원대중과 함께 정진하며 대중도 모두 오후불식을 하도록 강하게 이끌어주셨습니다. 만약 제방의 방장스님, 조실스님들이 혜암 큰스님처럼 대중과 함께 생활하며 수행지도를 해주신다면 선원 수행풍토는 정진열기로 가득할 것입니다."

스님은 "혜암 큰스님을 모시고 살던 당시 퇴설당에서 선정이 깊어지고 화두가 순일해지는 체험을 할 수 있었고 환희심과 함께 수행의 기쁨을 느낄 수 있었다"고 전했다.

그러면서 스님은 1970년대 해인총림 선원의 분위기를 귀띔했다. 신구의 조화와 사제의 정이 넘쳤던 곳이 바로 해인총림이었다고 한다.

"지금도 해인사 선원에서는 하안거와 동안거에 각각 일주일 동안 용맹정진을 합니다. 그때는 성철, 혜암, 일타 큰스님 같은 내로라

하는 선의 종장宗匠들이 계셔서 분위기가 사뭇 진지했어요. 용맹정
진 회향 날 마지막 3시간은 성철, 혜암, 일타 큰스님 모두 오셔서 대
중을 경책하셨습니다. 정말 신심도, 정진 분위기도 절정이었죠. 특
히나 혜암 큰스님께서는 정말 무섭게 경책하셨습니다. 하하."

　지환 스님은 "언젠가 한번은 용맹정진 때 너무 졸려 눈 위에 안티
푸라민을 발라 졸음을 쫓았던 기억도 난다"며 웃었다.

곁에서 본 성철과 혜암

앞서 전한 바와 같이 지환 스님은 성철 스님과 인연이 깊다. 더불어
스승 광덕 스님과 혜암 스님을 모셨다. 지환 스님이 존경했던 세 스
님은 모두 아주 가깝고 끈끈했다. 성철 스님은 사제 광덕 스님을 무

지환 스님에게 큰 가르침을 전했던 스님들. 왼쪽부터 혜암, 서옹, 진제 스님.

척 아꼈고 혜암 스님 역시 가까이에 두고 싶어 했다.

지환 스님은 세 스님의 깊은 속사정까지 다 알고 있었다.

"저는 성철 큰스님께 불교 사상적 영향을 많이 받았습니다. 광덕 큰스님께는 포교와 전법의 방향을 배웠고 혜암 큰스님께는 수좌로 서의 자세와 정진 열정을 배웠습니다. 이런 인연으로 1970년대에 는 주로 해인사 선원에서 살았습니다. 그래서인지 성철 큰스님과 혜암 큰스님을 같이 뵐 수 있는 기회가 많았어요.

해인사는 그 당시 전국의 수좌가 한 번씩은 다녀가야 하고, 또 다 녀가고 싶은 총림이었습니다. 발심한 스님들이 끊이지 않고 찾아왔 습니다. 그래서 선방 분위기가 엄청 좋았습니다. 한편으로는 괴각 승怪脚僧들도 좀 왔어요. 그들은 대중의 정진 열기에 찬물을 끼얹기 도 했습니다.

그러다 보니 소소한 문제들이 있었습니다. 혜암 큰스님의 경우 '정진 중심'이었는데, 일부 스님들이 큰스님의 지도에 불만을 많이 표시했습니다. 큰스님 심기를 불편하게 하는 행동까지 했습니다. 보다 못한 제가 그 스님들과 몇 번 싸우기도 했어요. 큰스님의 지도 를 감사하게 받지는 못할지언정 어깃장을 놓는 것을 차마 두고 볼 수 없었습니다.

그러던 어느 날 혜암 큰스님께서 해인사 선원을 떠나신다는 소 문이 돌았어요. 저는 오후 늦게 그 소문을 듣고 충격에 빠졌습니다. 더군다나 저는 큰스님이 완전히 떠나신다고 들어서 더 불안했습니 다. 큰스님을 믿고 따르며 정진을 거듭하다 그런 소식을 들어 더 마 음이 아팠어요. 나중에 혜암 큰스님께서 여러 불사를 위해 해인사에 잠시 나간다는 사실을 알았지만 그때는 정말 놀랐습니다."

'큰일났다'는 생각이 든 지환 스님은 밤 10시 방선을 하자마자 백련암으로 뛰어갔다. 빛도 없는 숲길을 쉬지 않고 뛰어올랐다. 스님은 성철 스님의 시자 원택 스님을 깨워 사정을 설명했다. 그러고는 밤을 새며 성철 스님이 일어나기만을 기다렸다. 성철 스님 방에 불이 켜지고 108참회가 끝나자 급하게 방문을 두드렸다.

"뭐라고? 혜암이가 간다고? 그럼 안 돼!" 성철 스님은 날이 새자마자 원택 스님을 시켜 해인사에 있던 혜암 스님을 불렀다.

"대중이 좀 말을 안 들어도 가야산에 있어야 한다. 대다수의 대중은 혜암 스님이 가야산에 있는 것을 원한다. 지금 원당암이 비었으니 그리로 가서 좀 쉬는 게 좋겠다."

성철 스님은 대중의 양해를 구하고 혜암 스님의 주석처를 원당암으로 정리했다. 1981년 봄의 일이다.

"그렇게 혜암 큰스님과 원당암의 인연은 만들어졌습니다. 성철 큰스님께서는 누구보다 혜암 큰스님을 아끼셨고 또 혜암 큰스님께서는 성철 큰스님을 존경하고 따르셨습니다. 서로를 존중하는 모습이 정말 아름다웠어요.

혜암 큰스님이 원당암에 정착하신 후 많은 불사를 진행한 것으로 알고 있습니다. 지금은 한국불교 최고이자 최대의 재가불자선원이 되었습니다. 성철 큰스님의 배려와 혜암 큰스님의 원력이 빚어낸 작품이 바로 원당암입니다.

제가 모시고 살 때도 혜암 큰스님께서는 재가자도 정진하고 공부해야 한다고 강조하셨습니다. 그런 말씀과 이에 따른 실천으로 재

성철 스님과 혜암 스님.

큰스님의 수좌 정신이 그립습니다

가선원을 만들었고 지금도 많은 재가자가 수행합니다. 두 어른께서 함께 해인사를 거닐며 말씀을 나누시던 모습이 지금도 제 눈에 선합니다. 하하."

지환 스님은 성철 스님과 혜암 스님이 강조했던 돈오돈수頓悟頓修에 대한 설명도 빼놓지 않았다.

"두 어른께서는 선禪의 정로正路는 돈오돈수라고 하셨습니다. 돈오는 닦을 것이 없는 상태, 즉 완전한 깨달음입니다. 그 후에는 각행覺行, 즉 깨달음의 행과 불행佛行, 즉 부처님의 행이 나옵니다. 완전한 팔정도八正道의 삶입니다. 두 큰스님께서 강조하셨던 돈오돈수는 제 수행에서도 매우 중요한 핵심입니다."

지환 스님은 혜암 스님이 보여줬던 종단개혁에 대한 실천의지도 강조했다.

"1994년 종단개혁을 이끌어내고 1998년 분규를 해결할 때 큰스님의 단호한 역할이 없었다면 오늘날의 종단은 다른 모습이었을 것입니다. 큰스님께서는 고비 때마다 문제를 명쾌하게 풀어주셨습니다. 저 역시 개혁과정에 동참하면서 큰스님의 의지와 결정에 큰 박수를 보냈던 기억입니다. 이것저것 계산하지 않고 간단명료하게 정리해 주셨던 큰스님은 당시 동참대중에게 큰 힘이었습니다."

지환 스님은 혜암 스님의 면모를 알 수 있는 다양한 일화를 전했다. 스님은 특히 "지금처럼 종단이 어려울 때는 혜암 큰스님의 수좌정신이 정말로 절실하다"며 "큰스님의 기개가 더 그리워진다"고 거듭 강조했다.

큰스님께서는 항상 '공부하다 죽어라'를 강조하셨습니다. 깨달음을 위해 딴생각하지 말고 오직 수행만 하라고 하셨습니다. 못 깨달아도 '수행하다 죽어라'라고 하셨어요.

우리는 참선정진하는 스님들을 수좌라고 부릅니다. 저는 혜암 큰스님에게서 전형적인 수좌의 모습을 봅니다. 모든 대중이 본래 수좌의 모습으로 되돌아갈 때입니다. 혜암 큰스님께서 지금 우리의 모습을 보셨다면 장군죽비를 내리셨을 것입니다.

저에게 혜암 큰스님은 거대한 산과 같은 수좌셨습니다.

"우리 곁에 오셨던
선지식"

_혜암대종사문도회 회장 성법 스님

이름과 얼굴이 그 사람을 나타내듯이 불교에서도 절의 이름은 그 절의 역사와 가풍을 설명한다. 때로는 직접 가서 보지 않아도 분위기를 알 수 있을 것 같은 절의 이름들이 많다.

　호국사護國寺. 비슷한 이름을 많이 봐왔다. 주로 군법당의 이름에 '호국護國'이 많이 들어가 있지만, 진주 시내 한복판에 있는 절 이름이 호국사여서 많이 의아했다.

성城 안의 절 호국사

그래서 자료를 찾기 시작했다. 진주 호국사는 여느 호국사보다 더 역사가 깊은 곳이었다. 임진왜란 3대 대첩 중의 하나로 꼽히는 진주대첩의 중심에 있었던 절이 바로 호국사였다.

　고려 말 왜구의 빈번한 침입을 막기 위해 진주성을 고쳐 쌓으면

진주 호국사 전경.

서 승병을 양성하기 위해 세워진 호국사의 원래 이름은 내성사內城寺였다고 한다. 말 그대로 성 안에 있는 절이다. 그렇게 세워진 내성사는 임진왜란 당시 진주 백성들과 생사를 함께했다. 훗날 조선 숙종이 임진왜란에서 맹활약한 승병들의 넋을 기리기 위해 '호국사'라는 이름을 내렸다.

이른 새벽부터 길을 나섰다. 진주 시내에 들어서자 남강유등축제를 알리는 형형색색의 등이 곳곳에서 사람들을 맞이한다. 도도하게 진주의 역사를 지켜봐 온 남강을 지나 진주성 서문으로 들어가니, '月影山護國寺 월영산호국사' 글씨가 바로 눈에 들어왔다. 업경대와 반가사유상 등燈도 나란히 앉아있다. 진주성 안의 호국사는 아담했다. 사천왕문과 명부전, 삼성각, 요사채 등이 가깝게 어깨를 맞대고 있고, 절의 중앙에는 대웅전이 자리 잡았다.

절을 참배하고 나서 잠시 숨을 돌리니 주지로서 호국사에서만 30여 년 가까이 포교를 해오고 있는 성법 스님이 객을 반갑게 맞아준다. 스님은 진주불교사암연합회 회장과 진주불교대학 학장 등을 역임하며 진주불교를 이끌어왔다.

직접 마주하니 칠순을 넘긴 분이라는 생각을 할 수 없을 정도로 스님은 젊고 밝았다. 앞으로도 얼마든지 포교 열정을 불태울 것 같은 느낌이었다.

"새벽 4시에 진주성문이 열려 밤 11시면 문이 닫힙니다. 마음 놓고 수행에만 집중할 수 있는 절들과 많이 다른 환경이지만, 우리는 대중과 흔들림 없이 기도하고 정진하려 합니다."

잘 알려져 있듯이, 성법 스님은 혜암대종사문도회 회장이자 혜암선사문화진흥회 이사장이다. 혜암 스님 문도의 맏형으로 각종 선양 사업을 진두지휘하고 있다. 본격적으로 성법 스님의 스승 이야기를 듣기 시작했다. 성법 스님이 스승을 만나는 과정은 정말 드라마틱했다. 인연으로밖에 설명할 수 없는 운명이었다.

얼굴도 모른 채 모시게 된 스승

"저는 경북 영천에서 태어나서 자랐습니다. 십대 후반에 부처님에 대한 동경으로 출가하게 됐습니다. 주변에서 기장 묘관음사에 계신 향곡 큰스님을 스승으로 모시고 출가하라고 권했습니다. 그래서 큰 고민 없이 기장으로 갔어요. 제가 묘관음사에 간 때가 1964년 부처님오신날 한 달 전이었습니다.

가보니 부처님오신날 준비한다고 절이 바빴습니다. 등도 만들고 어른들 심부름 열심히 했습니다. 향곡 큰스님 공양 챙겨드리고 방 청소도 열심히 했습니다.

향곡 큰스님께서는 체구가 아주 건장하셨습니다. 얼굴이 미륵불처럼 생기셨어요. 보통 사람이 보면 조금 무서운 인상이죠. 하하. 저도 처음에는 많이 긴장했는데 가까이서 모셔보니 아주 인자하고 자비로우셨습니다.

그렇게 지내다 묘관음사에서 만난 어떤 스님이 대구 동화사로 가보라고 권유를 했습니다. 묘관음사보다 큰 절이니 정진에 도움이 될 거라고 해요. 그래서 다시 동화사로 갔습니다."

역시 동화사는 큰 절이었다. 행자도 적지 않았다. 많을 때는 20명이 넘었다. 좁은 방에서 행자들은 서로를 의지했다. 밭 메고 풀 뽑고 밥 하고 예불에 공부까지 하는 것이 쉽지 않았다. 그래도 신심으로 버텼다.

그러던 중 우연히 동화사 금당선원에서 봉주 스님을 만났다. 봉주 스님은 혜암 스님의 사제다. 성실하게 생활하는 성법 스님을 눈여겨보던 봉주 스님이 해인사행을 권했다.

"동화사도 좋지만 해인사에도 훌륭한 스님이 많이 계신다네. 선지식을 소개해 줄 터이니 나와 함께 가지 않겠는가?"

스님은 다시 짐을 쌌다. 1965년 여름이었다. 대구에서 하루에 한 번 가던 해인사행 버스를 탔다. 콩나물 시루처럼 빡빡한 버스를 타고 고령을 지나 해인사 정류장에 도착했다.

"동화사에서 보지 못했던 숲을 가야산 해인사에서 봤어요. 잣나무가 인상적이었고 홍류동 계곡도 시원했습니다. 가야산 초입에서

부터 해인사가 대단한 수행도량이라는 느낌을 받았습니다. 뭐라 표현할 수 없는 기운을 느꼈습니다. 큰 절 주변으로 갈수록 대중도 많았고 학인들도 여럿 보였습니다."

스님은 큰 절로 바로 가지 않고 지족암으로 올라갔다. 지족암에서 봉주 스님과 며칠 머물렀다. 음력 7월 15일 스님은 사미계를 받기 위해 해인사로 내려왔다. 계사는 일타 스님. 여기서 스님은 일타 스님에게 지금의 법명 '惺法성법'을 받았다.

"계를 받기 전 스승을 정해야 합니다. 저는 스승을 정하지 못하고 있었어요. 봉주 스님께 말씀드리니 '예전에 내가 말한 선지식을 스승으로 하라'며 혜암 큰스님을 말씀하셨습니다. 봉주 스님께서 모든 일처리를 해주신다고 해서 큰스님께 인사도 드리지 못한 채 은사를 모셨습니다. 지금 생각하면 결코 있을 수 없는 일입니다. 하하."

스님은 그렇게 스승을 모셨다. 그래도 스님은 당당했다. "제가 혜암 큰스님을 은사로 모셨다고 하니 해인사 어른들께서는 이구동성으로 좋은 스승을 모셨다고 칭찬해 주셨습니다."

스님은 수계 후 해인강원에 입학했다. 경전을 보며 스승과의 만남을 기대했다. 그러나 스승은 제방선원과 토굴에서 정진을 거듭하고 있었다. 시간이 흘러 1967년 초 동안거 해제 후 바랑을 쌌다. 스승 혜암 스님을 찾아나선 것이다.

"큰스님께서 지리산 문수암에서 용맹정진하고 계시다는 얘기를 듣고 해제하자마자 바랑을 챙겼습니다. 제 가사, 장삼과 큰스님께 드릴 양말 한 켤레를 챙겨 나왔어요. 거창, 함양, 마천을 거쳐 지리산으로 올라가려 하는데 사람들이 한사코 말렸습니다. 눈이 많이 오고 있으니 하루 자고 날이 밝으면 올라가라고 합니다. 그래도 저는 간다고 했습니다."

산에 오르기 시작하자 이미 눈은 허리까지 쌓여있었다. 신고 있던 고무신은 자꾸 벗겨졌다. 초행길이어서 앞이 더 캄캄했다. 미끄러지기를 반복했다. 그래도 스승을 친견할 수 있다는 설렘으로 한 걸음 한 걸음 옮겼다. 그렇게 오르길 몇 시간, 먼발치에서 굴뚝을 통해 나오는 연기가 보였다. 안도의 한숨이 나왔다.

"법복 하의가 거의 얼음이 되어서 문수암에 도착했습니다. 조그만 체구의 큰스님께서 부엌에서 불을 지피고 있었습니다. 단번에 큰스님임을 알았어요."

스님은 선 채로 "허락도 받지 않고 봉주 스님 인연으로 큰스님 제

혜암 스님을 모시고 달마선원 경내를 살피고 있는 성법 스님.

자가 되어 강원에서 공부하다 이제야 왔습니다"라고 인사를 드렸
다. 혜암 스님은 아무 말이 없었다. 남아있던 장작을 모두 지피고
방으로 들어갔다. 30여 분 동안 꼼짝없이 서있던 성법 스님은 가져
온 가사 장삼을 챙겨 입고 방으로 따라 들어갔다. 다시 정식으로 삼
배를 올렸다.

"인사를 드리니 큰스님께서 저를 보셨습니다. 저도 큰스님을 봤
습니다. 장좌불와長坐不臥와 일종식一種食을 하고 계셔서인지 몸이
바짝 말라 있으셨습니다. 그래도 눈빛은 형형하셨습니다. 큰스님께
서는 어떻게 공부를 해야 하는지에 대한 말씀을 하셨습니다. 말씀
을 듣다 보니 날이 바뀌고 해가 중천에 떠있었어요. 다리가 아프고
온몸이 쑤셨지만 참고 법문을 들었습니다. 큰스님께서도 시계를 보
시더니 저에게 부엌에 가서 음식이라도 좀 먹고 쉬라고 하셨습니
다. 큰스님께서는 한 주먹도 안 되는 솔잎가루를 찬물에 타서 드셨
습니다. 부엌에는 시래기와 보리쌀이 조금 있었습니다. 조리를 해
먹을 수도 없어서 그냥 물만 마셨습니다."

숨 좀 돌리려던 차에 혜암 스님이 성법 스님을 불렀다. 땔나무를
하러 가자고 했다. 성법 스님은 지게를 지고 길을 따라나섰다. 지리
산 안으로 좀 더 올라가니 상무주암이 나왔다. 홀로 정진하던 젊은
스님이 혜암 스님과 성법 스님을 보고 반가워하며 밥과 떡과 과일
을 내주었다. 성법 스님은 게 눈 감추듯 밥을 먹었다. 배를 채우고
신나게 나무를 모아 다시 문수암으로 돌아왔다.

"3일간 문수암에 있었습니다. 큰스님께서는 수행에 대한 법문 외
에는 아무 말씀도 하지 않으셨어요. 귀한 말씀이었지만 제가 춥고

혜암 스님을 시봉하고 있는 성법 스님.

배고프니 말씀이 잘 들리지 않았습니다. 제가 부족해서 더 오래 있지 못하고 해인사로 돌아왔습니다. 큰스님께서 5,000원을 주시며 차비하라고 하셨던 기억이 납니다."

수행의 바탕은 인욕

지리산에서 내려온 스님은 강원에서의 공부를 이어나갔다. 혜암 스님의 당부 때문인지 화두공부도 하고 싶어졌다. 백련암에 올라가 삼천배를 하고 성철 스님에게 '동산수상행東山水上行' 화두도 받았다. 시간이 흘러 혜암 스님도 해인사에 왔다. 혜암 스님은 퇴설당에서 용맹정진을 계속했다.

"큰스님께서 용맹정진을 하고 계시는데 상좌인 제가 가만히 있을 수 없었습니다. 그래서 큰스님 공양을 챙겼습니다. 큰스님께서는 사시에 딱 한 번 공양을 하셨기 때문에 시간에 맞춰 올렸습니다. 큰스님께서 공양을 다 드실 때까지 퇴설당에서 기다렸습니다. 큰스님께서는 공양이 끝나면 또 이런저런 법문을 해주셨습니다.

그때도 그랬고 이후에도 큰스님께서 수행하는 대중에게 강조하신 것은 '공부하다 죽어라'입니다. 죽음을 각오하고 공부하라는 말씀이죠. 또 당부하신 것은 두 가지입니다. 첫째는 인욕忍辱입니다. 큰스님께서는 인욕을 끊임없이 강조하셨어요. 참지 않으면 아무것도 할 수 없다고 역설하셨습니다. 수행할 때는 특히 인욕이 중요하다는 것을 많은 사람이 알 것입니다. 둘째는 자비입니다. 수행자는 자비로워야 한다고 하셨어요. '관세음보살님처럼 자비로운 마음을 가져야 한다. 모든 사람한테 자비로워야 한다'고 말씀하셨습니다.

제가 그렇게 퇴설당에서 시봉하고 있을 때 하루는 큰스님께서 저에게 게송을 주셨습니다.

百戰百勝 不如一忍 백전백승 불여일인
萬言萬當 不似一黙 만언만당 불사일묵

백 번 싸워서 백 번 다 이기더라도 한 번 참는 것만 못하고
만 번 다 옳은 말을 할지라도 한 번 침묵하는 것만 못하느니라.

이 게송을 주시면서 '가슴에 잘 새기고 정진하라'고 하셨습니다."

혜암 스님이 준 게송은 성법 스님의 평생 좌우명이 되었다. 지금도 성법 스님은 어떤 법문자리에서든지 혜암 스님의 말씀을 인용하

며 설법을 한다.

성법 스님은 혜암 스님을 어떤 스승으로 기억할까?

"제 기억에 큰스님께서는 아주 청정한 수행자이십니다. 당신 주변을 항상 깨끗하게 정리하면서 사셨고, 또 수행 외에 다른 생각은 안 하셨습니다. 그러니 잠도 안 주무시고 평생 장좌불와를 하셨고, 밥 먹는 시간을 아끼려고 일종식만 하셨던 것입니다.

이렇게 수행을 하시니 신통한 일도 많았습니다. 제 속가 어머니 49재를 영천 은해사 백홍암에서 올렸습니다. 큰스님께 법문을 청해 같이 모시고 백홍암에 갔습니다. 법문이 끝난 뒤 큰스님께서는 원효 대사가 수행하던 중암에 다녀오신다고 했습니다. 그런데 10여 분 지났을까 금방 큰스님이 오셨어요. 중암에서 이런저런 먹거리를 줬다며 과일을 들고 오셨습니다. 십 리가 넘는 길을 삽시간에 다녀오신 겁니다. 저를 비롯한 대중이 모두 놀랐던 기억이 납니다."

앞서 밝힌 것처럼 성법 스님은 혜암대종사문도회 회장과 혜암선사문화진흥회 이사장을 맡고 있다. 앞으로 펼쳐질 혜암 스님 선양 사업에 기대가 모아진다.

"혜암 큰스님께서는 근래 보기 드물게 대단한 수행정진을 하신 그런 위대한 스승이십니다. 수행의 힘이 있었기 때문에 1994년 종단개혁과 1998년 분규를 앞장서서 해결하신 것입니다. 큰스님의 정신을 이어받아 많은 불자와 국민이 불법佛法에 눈을 뜨는 데 도움을 주고 싶습니다. 우리 혜암대종사문도회는 혜암선사문화진흥회를 통해 포교, 교육, 승가복지, 사회복지, 장학사업, 문화사업, 효사상의 실천과 다문화 지원사업 등 다양한 활동을 펼칠 것입니다. 이

혜암 스님을 모시고 김대중 전 대통령과 같이한 모습.

를 통해 큰스님의 숭고한 정신과 얼을 세상에 널리 알리고 발전시켜 가고자 합니다. 그리고 큰스님의 높고 깊은 뜻을 잘 실천하여 한국불교 중흥에 기여하겠습니다."

저는 혜암 큰스님을 선지식이라고 생각합니다. 미혹한 제자들과 대중을 가르치기 위해 이 세상에 왔다 가신 부처님의 화신입니다. 스님들은 물론 재가자들도 수행정진하면 깨달음에 이를 수 있다고 말씀하셨고, 이를 위해 원당암에 달마선원을 열어 후학들을 제접하셨습니다.

부족하지만 은사스님의 가르침에 부합하는 삶을 살도록 더 노력하겠습니다. 이번 생에 혜암 큰스님을 모신 것 자체가 저에게 큰 행운이었습니다.

"위법망구를 보여주신
어른"

_해인총림 해인사 주지 향적 스님

장면 1

2016년 8월 해인총림에 100명이 넘는 청춘이 찾아왔다. 이들은 해인사에서 야심 차게 준비한 '청년희망캠프'에 참가한 사람들이다.

캠프는 해인사 주지 향적 스님이 기획한 것이다. 청년들의 눈높이에 맞춰 2박 3일 일정으로 프로그램을 만들었다. 사찰의식이 자리하던 공간에는 혜민 스님을 비롯해 유수상 거창 중촌교회 목사, 천주교 대구대교구 영천 산자연학교 교장인 정홍규 신부의 특별 강의 등이 자리 잡았다.

혜민 스님은 따뜻한 미소로 청년들과 마음을 나눴다.

"통도사 극락암에 경봉 스님이라는 큰스님이 계셨어요. 경봉 스님께서는 '우리의 삶이 한바탕 연극'이라고 하셨습니다. '이번 생에 태어나서 연극 한번 잘 하고 간다'라고 생각하면 인생은 그렇게 복잡하지만은 않을 겁니다. 이제부터 여러분은 진짜 연극을 하는 겁니다."

향적 스님은 청년희망캠프의 취지를 다음과 같이 설명했다.

"지금 청년 세대는 우리 세대와 달리 못 먹고 못 사는 게 문제가 아니라 희망이 없다는 게 가장 큰 문제인 것 같아요. 어떻게 하면 희망을 찾을 수 있을까, 함께 고민하고 위로하는 것이 종교의 사회적 역할이라고 생각합니다."

향적 스님은 "미래를 이끌어 나갈 청년들이 한국을 '헬조선'이라 부르고 '금수저·흙수저' 등 계급론까지 일컬으면서 방황하고 절망에 빠져있다"며, "취업 준비로 지친 청년들의 몸과 마음에 안정과 쉼의 시간을 제공하고 희망과 열정을 가득 충전하는 계기가 되었으면 좋겠다"고 말했다.

청년들은 가야산에서 명사들의 강의는 물론 명상, 암자 순례, 차담, 마애불 산행 등을 소화하며 다시 기운을 회복해 세상 속으로 나아갔다.

장면 2

2017년 8월 3일 해인사 대적광전에서 해인총림 방장 원각 스님과 해인사 주지 향적 스님을 비롯한 500여 명의 대중이 참석한 가운데 '해인총림 방장 벽산원각 대종사 출가 50주년 금산식'이 봉행됐다.

이날 해인총림 대중은 원각 스님의 금산식을 통해 진리를 추구하는 출가자의 고귀한 발심을 기렸다. 아울러 한평생 불퇴전의 정진으로 스승이 되어준 스님들을 높이 받드는 불가 전통을 되살리면서 출가자가 줄어드는 현실을 극복하고 출가의 본래 뜻을 가슴에 새길 것을 다짐했다. 대중은 원각 스님에게 대가사, 주장자, 금강저, 경전을 봉정하며 출가 50주년을 축하했다.

이날 원각 스님은 "心隨萬境轉 轉處悉能幽 隨流認得性 無喜亦無憂(심수만경전 전처실능유 수류인득성 무희역무우) - 마음은 모든 경계를 따라서 일어나는데, 일어나는 곳이 실로 능히 그윽하도다. 흐름을 따라서 본성을 알면, 기쁨도 없고 또한 근심도 없다"는 법어를 설했다.

스님은 이어 "50년 전 출가했을 당시 방은 비좁고 대중이 많아 불편함도 있었지만 새벽에 자다 깨면 곳곳에 용맹정진하는 도반들의 모습에 놀라곤 했다. 그 삶이 바탕이 되어 변함없는 본래 성품을 오늘 이야기한다. 흐름을 따르더라도 그 본래 성품을 알면 불고불락의 경계에 이른다"며 대중에게 용맹정진을 당부했다.

해인사 주지 향적 스님은 "이번 행사를 기획하고 방장스님께 말씀드렸을 때 처음에 자신만을 위한 축하 행사라 극구 반대하셨다"면서 "오늘 행사는 출가자가 없어 승가 공동체가 위기를 맞은 현실을 극복하고 출가를 독려하면서 그 의미를 되새기기 위해 열게 됐다"고 취지를 설명했다. 이어 "일본에서는 법랍 50년을 맞으면 성대히 축하 행사를 한다. 한국불교도 출가 60년이 되면 회납이라 해 축하 법회를 했다. 전통을 잇고 출가 발심의 위대함을 알려야 한다"고 강조했다.

해인총림 제2의 전성기를 염원하며

가야산으로 향적 스님을 만나러 가는 길. 최근 들어 해인사에서 있었던 일들이 생각났다. 한국불교의 자존심 해인사에서는 수행종풍을 회복하고 세상과 소통하기 위한 일들이 여법하게 진행되고 있다. 이 모든 불사를 이끌고 있는 분이 바로 해인총림 주지 향적 스님이다.

향적 스님이 펴낸 선시禪詩 해설집《선시, 우리를 자유롭게 한다》에 실린 한 구절이 떠오른다.

빈 누각에 홀로 앉아 달맞이하니獨座虛樓待月生
개울소리 솔바람은 이미 삼경인데泉聲松正三更

기다리고 기다리다 기다림마저 없는 곳_{待到待窮無待處}

찬 빛이 대낮같이 산 가득 밝아오네_{寒光如盡滿山明}

조선 중기 허응보우 선사는 이 선시에서 뼛속 깊이 사무쳐오는 외로움이 일시에 크고 활달한 깨달음으로 바뀌는 경지를 묘사한다. 향적 스님은 "기다림마저 없는 곳, 그곳이 바로 우리가 궁극적으로 당도하려는 깨달음의 거처일 것"이라고 설명했다.

'깨달음의 거처' 해인사에 도착했다. 일주문을 지나 해인사 구광루 1층에 있는 북카페에서 잠시 몸을 녹였다. 산사에서 보기 드문 문화공간인 북카페에서는 각종 공연과 전시가 수시로 열린다. 향적 스님이 참배객을 위해 취임 직후 조성한 북카페에서는 차와 커피를 마시며 여유를 즐기는 사람들이 적지 않게 눈에 띄었다.

차 한 잔으로 숨을 돌린 뒤 대적광전으로 향하는데 구광루에 사람들이 몰려간다. 사진 전시회를 보기 위해서다. 불교사진 전문작가 하지권 씨가 해인사 승가대학 학인스님들의 일상을 묘사한 작품들이 사람들의 발길을 붙잡는다. 학인스님들의 유쾌하면서도 진지한 구도열을 느낄 수 있는 작품들이 가득하다. 대적광전 부처님께 예를 올리고 향적 스님의 방문을 두드렸다.

잘 알려져 있듯이 향적 스님은 해인사에서 출가했다. 월간《해인》을 창간하고, 초대 편집장을 지낸 후 프랑스로 건너가 피에르 키 비르 수도원에서 정진하고 돌아왔다. 그 뒤 조계종 교육원 초대 교육부장직을 수행하면서 승가 교육을 체계화했다. 해인사 성보박물관 초대 관장을 맡아 박물관을 개관하고, 조계종 기관지《불교신문》

사장, 조계종 중앙종회의원과 중앙종회의장 등을 역임했다.

프랑스 수도원에서의 경험을 담은 책《프랑스 수도원의 고행》한 국어판과 불어판을 펴냈으며 2014년에는 60여 편의 한시를 해석한 《선시, 우리를 자유롭게 한다》를 출간하는 등 절 안팎을 자유롭게 넘나들며 불법홍포佛法弘布에 매진해 왔다.

"입적하신 혜인 사형님의 소개로 일타 큰스님을 스승으로 모시고 출가했습니다. 은사스님은 일가족 41명이 함께 출가하신 것으로 잘 알려져 있고 오른손 열두 마디를 연지공양하신 대단한 원력의 수행자이십니다.

일타 큰스님을 은사로 모신 것이 제 인생에서 가장 중요한 인연입니다. 은사스님은 언제나 인자하시고 합리적이셨고 또 불교 안팎의 모든 것에 해박하셨습니다. 제자들이 올곧게 공부할 수 있도록

향적 스님에게 큰 영향을 준 혜암 스님과 일타 스님.

위법망구를 보여주신 어른

항상 배려해 주셨습니다."

향적 스님은 일타 스님을 모시고 해인사 지족암을 중창했다. 작은 인법당과 관음전 두 채뿐이던 지족암은 어느덧 수많은 불자가 기도하고 수행하는 도량으로 거듭났다.

"어린 시절 용돈이 필요해 은사스님께 말씀드리면 '서랍에서 필요한 만큼 가져가라'고 하셨던 일이 생각난다. 그 말씀을 들으면 필요한 돈보다 적게 가져가게 된다. 모든 행行을 바르게 하기를 원하셨던 은사스님의 가르침이었다"며 웃었다.

"스승이신 일타 큰스님을 비롯해 성철, 혜암, 법전 큰스님 등이 가야산에 계실 때가 해인사의 전성기였습니다. 수행에 철저하셨고 또 후학들을 자비로 가르치셨으며 세상을 향해 할과 방을 하셨던 어른들이 더 그리워집니다.

어른들께서는 항상 서로를 신뢰하셨습니다. 예를 들어, 은사스님께서 주지를 하실 때는 7직소임자들을 혜암 큰스님과 법전 큰스님께서 인선하셨습니다. 은사스님은 두 어른께서 추천한 스님들을 믿고 일을 맡기셨습니다. 지금 제가 주지를 하고 있지만 다른 스님한테 소임자를 추천해 달라는 것이 그리 쉬운 일은 아닙니다. 하하.

방장 원각 스님과 많은 대중을 모시고 제2의 전성기를 맞이하기 위하여 열심히 뛰고는 있지만 쉽게 안 됩니다. 저부터 솔선해서 해인총림의 부흥을 이끌어보도록 하겠습니다."

향적 스님은 시스템에 의한 총림 운영과 수행종풍 진작 등을 위해 진력하겠다고 여러 차례 강조했다. 해인사의 전성기를 회고, 전망하면서 혜암 스님과의 인연으로 이야기가 자연스럽게 이어졌다.

해인사의 전성기를 이끌었던 스님들. 왼쪽부터 일타, 법전, 성철, 혜암 스님.

강자에 강하고 약자에 자비로웠던 수행자

"1967년 해인강원에서 공부할 때 혜암 큰스님을 처음 뵈었습니다. 그때 큰스님께서는 중봉암에서 정진 중이셨어요. 방장 원각 스님께서 큰스님을 시봉하고 계셨습니다. 큰스님께서 중봉암에 계시다 가끔 해인사에 내려오시면 먼발치에서 뵈었던 기억이 납니다."

향적 스님은 당시 학인이었기 때문에 혜암 스님과 대화를 나누거나 직접 가르침을 받지는 않았다. 공부를 마치고 선방에 방부를 들이고서야 향적 스님은 혜암 스님을 가까이서 모시고 정진할 수 있었다.

"선방대중을 경책하실 때는 정말 호랑이 같았습니다. 장군죽비로 사정없이 내리쳤습니다. 보고만 있어도 무서웠어요. 방선 시간에 수행에 대해 여쭈면 또 그렇게 자비로우셨어요. 몇 철 모시지 못했지만 선방에서 큰스님께 많은 가르침을 받았습니다."

선방에서의 정진 후 해인사 주요 소임을 맡으며 본격적으로 포교에 나선 향적 스님은 혜암 스님을 자주 찾았다.

"1980년대 초 제가 해인강원 학감과 도서관장을 맡은 적이 있습니다. 여름에는 학인들이 도서관에서 공부할 수 있었지만 겨울에는 추워서 도서관을 이용하지 못했습니다. 그래서 온풍기를 설치하기로 하고 사중 어른들을 찾아뵙고 화주를 했습니다. 원당암에 가 혜암 큰스님께 사정을 설명드렸습니다. 큰스님께서는 '학인들이 공부하는 것이 중요하지!'라고 하시며 벽장문을 열고 바랑 속에 있던 50만 원을 바로 주셨습니다. '지금은 수중에 그것밖에 없지만 나중에 더 보태겠다'고 하시던 큰스님이 그렇게 멋져 보일 수가 없었습니다. 하하."

시간이 흘러 1990년대 중반 향적 스님은 해인사 교무국장을 맡았다. 주지는 지관 스님이었고 혜암 스님은 해인총림의 방장이자 조계종 원로의장이었다. 당시 전국 교구본사는 '정부의 서의현 원장 비호와 조계사, 총무원에 대한 경찰력 투입을 규탄하는' 현수막을 내걸고 있었다. 요동치는 불심을 달래려 당시 내무부 장관이 직접 해인사를 방문했다.

"동국대 동문임을 내세워 지관 큰스님께는 인사도 제대로 하지 않고 오해라고 하소연을 했습니다. 장관은 지관 큰스님을 잠깐 뵙고 원당암으로 갔습니다. 도착해 방에 앉아서 혜암 큰스님을 기다렸습니다. 잠시 후 혜암 큰스님이 나오셨는데도 장관은 꼼짝 않고 그대로 있었어요. 그러자 큰스님께서 법문을 시작하셨습니다.

'부처님 당시에 빈두로 존자가 계셨습니다. 존자님이 머물던 절에 그 나라의 왕이 잠깐 들러 참배를 했습니다. 빈두로 존자는 왕에게 따로 예를 차리지 않았습니다. 그러자 왕의 신하들이 인사도 안 한다고 빈두로 존자를 비난하며 왕이 다음에 방문했을 때에도 인사를 안 하면 처형해야 한다고 왕에게 건의했습니다. 나중에 왕이 다시 절을 방문했습니다. 빈두로 존자는 일곱 걸음을 걸어 나가서 왕에게 인사했습니다. 왕이 악심惡心을 품고 절에 왔기 때문입니다. 그 뒤 7년간 흉년이 들었고 결국 그 나라는 망했습니다.'

큰스님의 법문이 계속되자 눈치를 챈 장관이 자세를 바로잡고 큰스님께 인사를 올렸습니다. 큰스님께서는 '장관이 그러니 정부 사람들이 일을 제대로 하겠냐'며 호통을 치셨습니다. 당시 최고 실세 권력자로 통하던 장관이 쩔쩔맬 정도로 혼이 났어요. 큰스님은 전부터도 강자에게는 더 강하셨고 약한 사람에게는 한없이 자비로우신 어른이셨습니다. 저는 그때 다시 큰스님의 진짜 면모를 보았습니다."

향적 스님은 혜암 스님의 강직성을 많이 강조했다. "전형적인 수행자이지만 무사武士 기질까지 갖춘 어른"이라고 했다. 향적 스님은 수행과 실천에 걸림이 없었던 혜암 스님의 모습을 가감 없이 설명했다. "큰스님께서 큰 족적을 남기셨을 때가 딱 지금 제 나이"인데, "아무리 생각해도 저는 큰스님 근처에도 가지 못하는 것 같다"며 웃었다.

다양한 이사理事의 경험을 바탕으로 해인총림의 가풍을 잇고 있는 향적 스님의 향후 행보가 기대된다.

2017년 동안거 결제에 앞서 자리를 같이한 해인총림 대중.

스님에게 혜암 큰스님은 어떤 존재인가요?

위법망구爲法忘軀를 보여주신 진정한 어른이시죠. 저는 아직도 혜암 큰스님 하면 수행력, 공심, 애종심, 검소함 등의 단어가 떠오릅니다.

'공부하다 죽어라'라고 말씀하실 수 있는 것은 당신께서 실제로 공부에서 힘을 얻으셨기 때문입니다. 공부하다 죽을 수 있는 것은 수행자에게 최고의 행복이 아닐까 합니다. 또 권력자에게 언제나 당당하셨고 바른 말씀을 하셨던 기억, 종단이 위기에 처했을 때 몸을 던져 구하셨던 모습들도 생각나요.

'가야산의 정진불'로 추앙받던 혜암 큰스님의 가르침이 우리 후학들에게도 영원히 이어졌으면 좋겠습니다.

"내 인생의 수호자
혜암 큰스님"

_강진 백련사 회주 여연 스님

불교의 다른 이름이 차茶일 정도로 차는 불교 곳곳에 스며들어 있다. 당연히 차와 관련된 화두가 적지 않으며, 경전이나 어록 곳곳에는 차와 함께하는 스님들의 모습이 그려지곤 한다.

사람들은 지금 우리 시대의 차인茶人으로 여연 스님을 꼽는 것을 주저하지 않는다. 해남 대흥사 일지암에 18년간 머물며 차를 대중화했고 현재 주석처인 강진 백련사에서는 차의 깊이를 더했다.

우리 시대의 차인

스님은 2017년 9월 다섯 번째 세계차박람회를 개최했으며 동국대 불교대학원 차문화콘텐츠학과와 차인연합회 다도대학 대학원 교수를 역임하고 초의문화제 초의상과 부산여대 다촌상을 수상했다. 현재 일지암초의차문화연구원 이사장, 한국차문화학회 창립 초대

회장과 대한민국 차품평회 초대 이사장, 부산여대 석좌교수로 활동하고 있다.

2017년 8월 목포대는 스님의 공적을 인정해 명예 문학 박사학위를 수여하기도 했다. 여연 스님은 "차를 하나의 전문 분야로 생각하고 학문적으로 연구, 고증하려 했던 노력들을 눈여겨봐 준 것 같다"며 "수행자로는 처음으로 차 관련 명예 박사학위를 받은 만큼 전통차 문화를 지키고 계승해 나가는 한편, 이를 이론화하고 체계화하는 작업을 계속해 나갈 것"이라고 밝혔다.

가을이 한창인 날 서울 인사동의 조그만 사무실을 찾았다. 찻집은 줄고 커피 가게는 많아진 인사동이지만 여연 스님은 아랑곳하지 않았다. 평소와 다름없이 사람들과 차를 나누며 삶을 이야기했다.

스님은 현재 강진 백련사 회주를 맡고 있다. 백련사는 차와 동백이 아름다운 사찰이다. 고려 말에는 '백련결사'가 진행되기도 했으며, 조선 말 유배 온 다산 정약용 선생은 아암혜장 선사와 종교, 나이를 뛰어넘은 교류를 갖기도 했다.

백련사가 있는 산은 고려시대부터 자생해 온 차밭이 있어서 다산茶山이라고 불렸다. 때문에 정약용 선생이 이곳에 유배 와 지냈다는 의미로 '다산'이라는 호를 지어 사용했다. 그가 유배 왔을 때 아암혜장 선사의 소개로 다성茶聖 초의 선사와도 교류한 적이 있는데, 때문에 백련사는 차와 관련한 이야기가 많이 남아있다. 이런 역사를 가진 백련사에 여연 스님이 주석하는 것은 전혀 어색하지 않다.

차 이야기에 이어 본격적으로 여연 스님에게 스승 혜암 스님 이야기를 듣기 시작했다. 좌충우돌 수행기 속의 혜암 스님은 여연 스

차밭에서 찻잎을 따고 있는 여연 스님.

님의 든든한 버팀목이자 삶의 수호자로 자리 잡고 있었다. 스님의
출가인연부터 살펴봤다.

'진각'에서 '여연'이 된 사연

"제 집안의 역사는 우리 현대사와 궤를 같이합니다. 남도에서 비교
적 잘 살았던 집안은 어른 한 분이 월북하면서 급격히 기울기 시작
했습니다. 탈출구가 없다는 생각을 많이 했어요. 생각이 많아지면
서 삶의 근본적인 문제들에 대한 고민을 시작했고, 그래서 대학에
서도 철학을 공부했습니다.

　제가 다니던 학교의 이웃 대학에서 우연히 김홍오 목사님의《반
야심경》강의를 듣게 되었습니다. 강의를 들으면서 '내 스스로가 내
삶의 주인공이 될 수 있겠다'는 생각을 하게 되었어요. 개신교는 예

수라는 징검다리를 통해야 하지만 불교에서는 곧바로 존재의 의미를 찾을 수 있겠다는 확신이 들었죠. 강의를 듣고 발심해 출가를 결심했습니다."

대학을 마친 스님은 지인의 추천으로 영주포교당으로 갔다. 영주포교당은 스님이 생각하던 사찰과 달랐다. 다시 길을 나섰고 선지식들이 많이 있는 해인사행을 권유받았다.

해인사에 가서 출가를 준비하던 스님은 혜암 스님의 속가 동생 태오 스님을 만났다. 태오 스님은 남해 용문사 염불암에서 정진하고 있던 혜암 스님을 스승으로 추천했다. 태오 스님은 직접 추천 편지를 써주며 여연 스님을 용문사 염불암으로 보냈다. 그렇게 여연 스님은 혜암 스님을 만나게 됐다.

"1970년 가을에 용문사 염불암에 갔습니다. 마당에 가니 한 스님이 장작을 패고 있어요. 그래서 '혜암 큰스님을 뵙고 싶다'고 말씀을 드렸더니 '스님은 산에 가서서 지금 안 계시다'고 해요. 저녁이 되어도 큰스님은 안 오세요. 배도 고프고 피곤해서 다시 그 스님에게 여쭈었습니다. 그런데 알고 보니 바로 그분이 큰스님이셨어요.

태오 스님께서 써주신 편지를 드리니 큰스님께서 쭉 읽어보십니다. 그러시고는 '예수도 내 아들이고 부처도 내 아들'이라며 법문을 하셨어요. 불교의 불佛 자도 모르는 저에게 선禪 법문을 하셔서 조금 당황스럽긴 했습니다. 하하.

그렇게 인사를 드리고 나서 출가하려고 기다려도 아무 말씀이 없으세요. 3일째 되는 날 큰스님께서 머리를 깎아주셨습니다. 큰스님께서 제 두상을 보시며 '재주는 많아 중노릇은 잘 하겠는데 참선공부는 잘 할지 모르겠다'고 하셨던 말씀이 기억에 생생합니다."

우여곡절 끝에 출가한 스님은 염불암에서 혜암 스님을 시봉했다.

"동안거 결제가 시작되고 선방에는 열다섯 명의 수좌스님들이 가행정진을 시작했습니다. 저를 비롯해 행자 서너 명과 채공 보살이 후원을 맡아 동분서주하는 행자생활은 그야말로 고달픔 그 자체였습니다. 큰 부엌에서 가시덩굴나무로 수십 명의 밥을 짓는 일은 여간 세심하지 않으면 이내 불려가 혼쭐이 나는 소임이었습니다."

그리고 이듬해 봄 스님은 사미계를 받았다. 혜암 스님이 스님에게 내린 법명은 '眞覺_{진각}'이다.

스님은 혜암 스님을 따라 해인사로 갔고 강원에 입학했다.

"큰스님께서는 극락전에 철조망을 치고 3년 결사에 들어가셨어요. 저는 그곳에서 강원에 입학해 하루 한 끼 큰스님의 공양을 나르며 시봉하는 일로 본격적인 출가생활을 시작했습니다."

여연 스님의 좌충우돌 시봉이 시작됐다.

"봄 개강하고 얼마 안 있어 진대밭골로 봄 소풍을 갔습니다. 거기서 머루주 담은 찻잔을 얻어 마셨는데 그만 제 얼굴이 홍당무가 되었습니다. 술이 온종일 깨지 않고 머리가 빙빙 돌았습니다. 소풍을 마치고 돌아와 저녁 때 아궁이에 불을 때고 있는데 마침 큰스님께서 저를 부르셨어요. 저를 보시자마자 '왜 얼굴이 그렇게 벌겋냐?'고 물으시기에 그냥 얼떨결에 '불기운이 너무 뜨거워서 그렇습니다'고 말씀드렸습니다. 그랬더니 큰스님께서 느닷없이 제 귀뺨을 갈기셨습니다. 입에서는 술 냄새가 펄펄 나는데 거짓말을 한다고 큰스님께서 화가 많이 나셨던 거예요. 그냥 솔직하게 말씀드렸어야 했는데 순간의 위기를 모면하려다 더 크게 혼났습니다. 하하."

이것만이 아니었다. 스님은 스승이 내려준 법명을 쓰다 허락도 구하지 않고 바꾸고 말았다.

"저를 포함해 강원과 선원 등 해인사에 '진각'이라는 법명을 가진 스님이 4명이나 됐습니다. 제가 개인적으로 구독하던 잡지나 우편물이 제대로 온 적이 별로 없어요. 또 무슨 일이 있을 때면 4명 진각 스님의 소임이 헷갈리기도 했습니다. 그래서 처음에는 별을 삼키는 사람이 되자는 의미로 '呑星탄성'이라는 법명을 지어 큰스님께 말씀드렸더니 안 된다고 하셨어요.

그래서 포기하고 있었는데 인도철학 특강에서 우연히 '이 세상은 이와 같고 이와 같다'는 구절을 듣게 됐습니다. 이것을 한자로 만들어보니 '如然여연'이더라고요. 같이 공부하던 종림 스님과 얘기해서 제 법명을 그렇게 만들어 대중에게 알렸습니다."

그러나 곧 문제가 생겼다. 이렇게 법명을 바꾼 때는 혜암 스님이 극락전 3년 결사를 마치고 잠시 태백산 각화사 동암에 가 있을 때였다.

"철없는 생각으로 '진각'이 맘에 들지 않아 '여연'으로 고쳤습니다. 큰스님께서 다시 해인사로 돌아오셔서 저를 찾는데 강원의 한 학인스님이 '큰스님 상좌 중에 진각은 없고 여연만 있습니다'고 보고했습니다. 큰스님께서는 '여연이라는 상좌는 없는데 어떤 놈이 내 이름을 팔고 다니느냐. 그놈 데려오라!'고 하셨어요. 그때서야 제가 큰스님께 갔어요. 그래서 또 한 번 엄청 혼났습니다. 하하."

여연 스님을 혼냈지만 혜암 스님은 다시 법명을 거론하지는 않았다. 십여 년이 지나 여연 스님 사제 한 분이 '진각'을 받아 제방에서 열심히 수행하고 포교에 진력하고 있다. 현재 진각 스님은 조계종 총무원 사회부장 소임을 맡고 있다.

잊을 수 없는 상무주암 용맹정진

"생각해 보면 큰스님께서 싫어하실 일들만 골라 적지 않게 말썽을 피웠다"고 고백하는 스님은 혜암 스님을 모시면서 수행에는 소홀하지 않았다. 여연 스님은 "상무주암에서 묵언단식 용맹정진했던 힘으로 지금까지 버티고 있는 것 같다"고 했다.

1978년 겨울, 여연 스님은 순천 송광사 선원에 동안거 방부를 들여놓고 지리산 상무주암에서 정진 중이던 스승을 찾았다. "정말 인사만 드리기 위해" 상무주암을 찾았지만, 혜암 스님은 "여기서 이번 철 같이 살자"며 여연 스님을 잡았다. 스승의 말씀에 여연 스님은 바로 바랑을 풀었다.

"상무주암에서의 정진은 제가 잊을 수 없습니다. 큰스님과 저, 정견 스님 포함 5명의 대중은 일반 선방의 그것과 다르지 않은 일정으로 정진을 시작했습니다. 그러다 한 보름 지나니까 큰스님께서 오후불식午後不食을 하자고 하십니다. 한참 먹을 나이에 밥을 굶으려니 처음에는 정말 힘들었어요. 도망치고 싶어도 눈이 너무 많이 쌓여있어서 산을 내려갈 처지도 못 됐습니다. 하하.

또 며칠 지나니까 큰스님께서 이번에는 단식 용맹정진을 하자고 하십니다. 저도 그때는 신심이 나서 공부에 속도가 붙고 있던 때여서 큰스님 말씀 따라 열심히 했습니다. 저는 묵언까지 했습니다. 그

1978년 지리산 상무주암에서 혜암 스님을 모시고 찍은 사진.
왼쪽부터 정견, 여연, 혜암, 대일 스님.

렇게 정진을 하고 있는데 대중 가운데 한 스님이 근처 비구니 암자에 가서 고구마를 훔쳐 먹다가 창자가 꼬여버렸습니다. 그 스님 때문에 대중 전체가 1주일 더 단식했어요. 2주를 하고 나니까 이번에는 큰스님께서 21일을 채우자고 하십니다. 그래서 대중이 3주간 단식 용맹정진을 하게 됐습니다. 긴 시간은 아니었지만 그때 공부의 맛을 좀 봤습니다. 또 어떤 어려운 환경에서도 공부를 할 수 있다는 확신을 얻었습니다. 큰 병이 나지 않는 한 아무리 큰 곤경에 처해도 육신 문제로는 죽지 않는다는 것을 알았죠.

안거 초기에는 큰스님만 장좌불와長坐不臥와 일종식一種食을 하셔서 저희가 참 면목이 없었어요. 스승은 정진하는데 제자들은 잠을 자고 있으니 얼마나 한심해요. 그래도 차츰차츰 강도를 높여 큰스님과 함께 용맹정진을 한 것은 잘한 일 같습니다."

여연 스님은 상무주암에서의 정진을 바탕으로 인도 다람살라와 스리랑카에서 긴 공부를 이어갔다. 어려운 유학생활이었지만 상무주암 시절을 생각하며 원만하게 마칠 수 있었다고 한다.

"큰스님께서는 항상 잠과 밥과 시간을 극복해야 제대로 수행할 수 있다고 강조하셨어요. 대중에게 이 세 가지를 혹독하게 가르치셨어요. 상무주암에서는 직접 체험으로 큰스님 말씀의 의미를 알 수 있었습니다."

여연 스님은 혜암 스님이 차 마시는 시간을 허락하지 않을 정도로 수행에 철저했다고 전했다.

"제가 차를 본격적으로 다루면서 매년 처음 재배한 차는 꼭 큰스님께 가져다드렸습니다. 그런데 큰스님은 차를 거들떠보지도 않으셨어요. '차 마실 시간에 공부하라'고 하셨어요. 큰스님께서는 일절 간식을 하지 않으셨기 때문에 그 말씀이 이해도 됐지만 서운하지 않았다면 거짓말이죠.

큰스님께서는 또 물건을 함부로 쓰는 것을 용납하지 않으셨어요. 소포가 오면 노끈을 풀어 다시 정리를 해서 다른 일을 할 때 재활용하십니다. 또 소포를 싼 종이는 깨끗하게 펴서 재활용하시고요. 젊은 상좌들이 큰스님의 이런 습관을 이해하는 데는 좀 시간이 걸렸습니다. 이밖에도 보리 밥풀 풀어서 광목 옷 풀하기, 숯불 피워 다리미질하기, 생콩가루 풀어서 밀대죽 끓이기, 화장실 변기 닦기, 1시간 걸려 액자 걸기 등 일일이 헤아릴 수 없는 일들이 큰스님 주

1980년 10월 인곡 스님 비 제막식을 마친 후.
뒷줄 왼쪽에서 두 번째가 여연 스님.

내 인생의 수호자 혜암 큰스님

남해 용문사에서 혜암 스님을 모셨던 제자들. 왼쪽부터 여연, 원각, 무상 스님.

변에서는 아무렇지 않게 이뤄졌습니다. 하하."

오래전부터 여연 스님에게는 자유인 기질이 넘친다는 생각이 들었다. 형식에 얽매이지 않고 본론 중심으로 일을 하는 것이 여연 스님의 특징 중 하나다. 단, 여기서 말하는 자유는 절제와 질서가 있는 자유다. 그렇기 때문에 여연 스님은 아직도 불교계 안팎에서 많은 존경을 받고 있다.

스님에게 혜암 큰스님은 어떤 존재인가요?

제 인생의 사표이자 안내자이며 수호자이십니다. 부처님과 우리 큰스님 덕분에 제가 이 나이 먹도록 중노릇 하고 있습니다. 힘들어 옆길로 가려는 마음이 생길 때면 어김없이 큰스님이 나타나 제 마음을 잡아주십니다.

제가 그렇게 말씀을 안 듣고 사고를 쳤는데도 나중에 큰스님께서는 저에게 법호를 내려주셨어요. '茶菴차암'이라는 호가 지금의 저에게 잘 맞는, 큰스님께서 제게 주신 큰 선물입니다. 큰스님께서 주신 호에 걸맞은 삶을 살도록 더 노력하겠습니다.

"돈오돈수의 정법을
실천하신 어른"

_백련불교문화재단 이사장 원택 스님

장면 1

후학들의 정진을 위해 성철 스님이 생전 직접 간추려 발간한《선림 고경총서》의 한글본 책이 2017년 봄부터 모습을 드러내기 시작했 다. '성철 스님이 가려 뽑은 한글 선어록'이 바로 그것이다. 제1권 《선을 묻는 이에게: 천목중봉 스님의 산방야화》와 제2권《선에 대 한 이런저런 이야기: 천목중봉 스님의 동어서화》를 시작으로 모두 15권의 선어록이 2018년까지 대중에게 선보일 예정이다.

백련불교문화재단은 2017년 12월 현재 제3권《참선 수행자를 죽 비로 후려치다: 박산무이 스님의 참선경어》, 제4권《선림의 수행과 리더쉽: 정선 스님의 선림보훈》, 제5권《마음 닦는 요긴한 편지글: 원오극근 스님의 원오심요》까지 펴냈으며, 향후《인천보감》《나호 야록》《마조록과 백장록》《전심법요》《임제록》《태고록》《종용록》

《벽암록》 등을 순차적으로 발간할 계획이다.

장면 2

2017년 11월 1일. 한적하던 백련암에 한 무리의 사람들이 찾아왔
다. 백련암 감원 원택 스님은 손님들과 함께 성철 스님의 보물창고
'장경각' 문을 열었다. 이날 백련암은 동국대 불교학술원과 성철 스
님 소장 도서들을 정밀조사하기로 협약을 맺었다. 이번 조사에서는
한국간행본 600여 권과 중국간행본 1,600여 권 등 2,200여 권을 정
밀조사 및 촬영을 한다.

　협약식에서 원택 스님은 "앞으로 얼마나 많은 시간이 필요할지
모르겠지만 이번 연구를 통해 큰스님 소장 저서와 경전들이 불교서
적 발달사에 어떤 의미가 있는지를 알아볼 것이다. 좋은 결과가 나
와서 한국 불교학계에 유용하게 쓰이고 교학에도 도움이 되길 바란
다"고 밝혔다.

장면 3

2017년 11월 8일(음력 9월 20일) 성철 스님 열반 24주기 추모다례
를 마친 원택 스님이 이번에는 봉암사 결사 70주년과 해인총림 개
설, 백일법문 강설 50주년을 기념하는 학술대회를 열었다.

　11월 17일 열린 학술대회에서 원택 스님은 "봉암사 결사와 해인
총림 성립, 백일법문 강설은 현대 한국불교의 정체성을 형성하는
데 매우 중요한 영향을 끼친 큰 사건들이었다"면서 "성철 큰스님에
대한 일방적인 옹호나 비판이 아닌 보다 객관적 시각에서 일련의

해인사 백련암.

일들을 살펴보고자 한다"고 밝혔다.

학술대회에서는 동국대 불교학술원 조기룡 교수가 〈해인총림 결성의 배경과 현재적 의의: 퇴옹성철의 사상과 활동을 중심으로〉를, 불광연구원 책임연구원 서재영 박사가 〈근현대 불교에서 퇴옹성철의 역할과 백일법문의 위치〉 등을 발표했다.

'시봉侍奉의 아이콘'이자 '성철의 아난'으로 불리는 원택 스님은 오늘도 스승 선양사업에 한창이다. 성철 스님 생전에도 20년 넘게 모셨고 사후에도 역시 20년이 넘는 시간 동안 스승의 사상을 널리 알리고 있다.

원택 스님이 숨 돌릴 틈 없이 각종 사업들을 진행하고 나니 가야산은 어느새 겨울 한가운데로 들어와 있었다. 학술대회를 마치고 해인사 백련암에서 원택 스님을 만났다.

성철 스님과 혜암 스님의 정법 사상

원택 스님은 1971년 말 친구 따라 간 백련암에서 성철 스님을 처음 만났다. 대도인大道人에게 좋은 말씀을 들을 수 있을 것이라 기대했지만, 만 배를 하고서 겨우 얻은 좌우명은 '속이지 말라' 한마디. 그후 다시 찾아간 백련암에서 성철 스님으로부터 "니 고마 중 되라"는 말을 듣고 1972년 1월 출가했다.

백련암에서 성철 스님을 모시던 원택 스님은 1980년대 초부터 《선문정로》와 《본지풍광》을 발간한 데 이어 성철 스님 법어집 11권과 《선림고경총서》 37권을 펴냈다. 또 성철 스님의 주옥같은 한글 법어가 세상에 나오도록 하는 등 전무후무한 선양사업을 진행했다.

원택 스님은 성철 스님을 모시면서 한국불교와 해인총림의 여러 어른을 가까이서 볼 수 있었다. 성철 스님이 누구보다 인정했던 '수행자' 혜암 스님 역시 공사公私를 초월해 자주 만났다. 혜암 스님은 1947년 봉암사 결사 시작 전 해인사에 책을 가지러 온 성철 스님을 처음 만났다고 한다. 범상치 않은 성철 스님을 보고 혜암 스님은 그 길로 결사에 합류했다.

"혜암 큰스님께서는 성철 큰스님과 같이 돈오돈수頓悟頓修에 대한 관점이 확고하셨습니다. 당신께서 제방을 다니시며 여러 어른을 만나보고 직접 실참해 본 결과 돈오돈수라고 하셨어요. '견성한 사람은 무사도인이다. 무사도인이 돈오돈수이고, 돈오돈수가 반야삼매고 증오고 성불이고 구경각이고 말만 다를 뿐이지 이것이 똑같은

가야산 정상에서 성철 스님과 원택 스님이 함께했다.

자리이다'라는 것이 성철, 혜암 두 어른의 결론이었습니다."

원택 스님은 혜암 스님과 성철 스님이 주로 나눈 말씀이 무엇인지에 대한 설명도 덧붙였다. 스님은 혜암 스님에게 들었던 말씀을 그대로 전해주었다. 혜암 스님의 말씀이다.

"(성철 스님이) 주로 공부를 당부하시면서 친필로 써주신 게송이 여러 장 있었는데, 지금 찾으려고 하니 어디에 있는지 모르겠어요. 대개는 분발심을 일으키는 말씀을 해주셨습니다. '깨닫기 전에는 다 소용없는 일이니 깨닫는 것을 기본으로 삼아라'는 말과 동시에 '시인施人을 가볍게 생각하지 말라'는 말씀을 늘 잊지 않으셨습니다. '만약 공부하는 사람이 시인을 가볍게 여기면 공부하기가 어렵게 되니, 공부를 하려면 시인을 불덩어리같이 생각하고 가벼이 하지 말라'고 당부를 하셨습니다. 또한 '공부하는 데 있어서는 부모를 죽이고라도 눈 하나 깜빡하지 말라'고 항상 부탁을 했습니다. '사람을 죽이고도 흔들리지 않아야 한다. 옛날 도인스님들은 병신을 구하려고 하지 똑똑한 사람 구하려고 한 적 없다. 공부하려면 병신노릇 하라'고 하셨지요. 그리고 숨어 사는 데는 두 가지 법이 있다고 하셨습니다. 사람 없는 데 가서 숨는 것은 작게 숨는 법이고 사람 많은 데서 병신노릇 하는 것은 크게 숨는 것이라고요."

혜암 스님은 성철 스님과의 다양한 일화도 덧붙였다고 한다. 원택 스님이 들은 혜암 스님의 전언 그대로다.

"성철 스님께서는 책을 굉장히 귀하게 다루셨어요. 방에 가득한 책을 1년에 두 번, 봄가을에 바람을 쏘이는데 상좌는 물론 여태 같이 산 사람도 못 오게 합니다. 참 무섭데요. 책을 얼마나 귀중하게 다루시는지는 책 한 권 드는 걸 보면 알 수 있어요. 손이 달달달 떨려요. 책을 보실 때도 아주 정성스럽게 한 장 한 장 책장을 넘기지 되는 대로 넘기는 것은 꿈에라도 없습니다. 하하."

혜암 스님이 전하는 성철 스님의 모습과 당신이 살아온 모습은 닮아있었다. 특히 "하루 살다 죽더라도 공부만 하다 죽는 게 스님들"이라는 말에는 성철 스님과 혜암 스님의 수행관이 오롯이 담겨있는 듯했다.

수좌의 품격을 갖췄던 어른

그렇다면 원택 스님은 혜암 스님을 언제 처음 만났을까? 혜암 스님을 만난 장소는 역시 백련암이다.

"1972년 1월에 출가해 한 2년쯤 지나 혜암 큰스님을 처음 뵈었습니다. 동안거 해제 후에 자그마한 스님이 백련암에 오셨어요. 큰스님을 뵈러 왔다고 하시며 '혜암이라고 말씀드리라'고 하셨습니다. 저는 처음 뵈었기 때문에 속으로 '저 스님은 어떤 분이실까?' 생각하면서 성철 큰스님께 보고를 드렸더니 '혜암이가 왔어?' 하며 나오셨습니다. 좌선실에서 두 분이 너무 반갑게 인사를 하시고 많은 말씀을 나누셨습니다.

시자로서 차를 가지고 좌선실로 갔는데 제가 그만 차를 쏟고 말았어요. 당황한 저는 두루마리 화장지를 여러 겹 손에 두르고 방을 닦기 시작했습니다. 성철 큰스님께서 '느그 아부지가 만석꾼이가?' 하시면서 저를 더 혼내셨습니다. 화장지를 많이 쓴다고 말입니다. 저를 지켜보시던 혜암 큰스님께서 '요새 출가한 사람들은 넉넉

한 환경에서 커서 그런지 물건을 아끼는 근성이 좀 부족합니다. 오늘 야단맞았으니 앞으로는 더 잘할 것입니다' 하고 위로를 해주셨어요. 혜암 큰스님 덕분에 위기를 무사히 넘겼습니다. 하하."

그날 성철 스님과 혜암 스님은 방을 옮겨 이야기를 이어갔다. 혜암 스님은 한 철 정진한 얘기를 비롯해 선방 분위기 등을 전했고 성철 스님은 혜암 스님의 말을 경청했다.

몇 시간 지나 혜암 스님이 백련암 마당을 나서면서 원택 스님에게 한마디 던졌다. 원택 스님은 혜암 스님을 배웅하려던 참이었다.

"나는 호랑이도 때려눕힐 힘이 있으니 신경 쓰지 말고 어서 들어가서 큰스님 시봉하시게! 큰스님 모시다 보면 야단맞을 일이 많을 것이지만 수행한다 생각하고 잘 참고 지내야 하네."

혜암 스님은 원택 스님을 다시 위로했다.

"제가 처음 뵀을 때 혜암 큰스님은 아주 소탈하신 모습이었어요. 산중 수좌의 고고한 품격이 살아있는 분이셨습니다. 그때의 혜암 큰스님 첫인상이 지금도 또렷하게 기억납니다."

혜암 스님은 1970년대 중반까지 전국의 선방과 토굴에서 용맹정진을 거듭했다. 물론 중간중간 해인사에서 정진하는 시간도 적지 않았다. 1970년대 후반부터 혜암 스님이 해인사에서 주로 수행을 하면서 원택 스님도 혜암 스님을 만나는 시간이 많아졌다.

"성철 큰스님께서 해인사에 가시면 제 사형인 원융 스님과 원명 스님의 시봉을 받으셨습니다. 저는 주로 백련암에 있었어요. 큰스님께서 백련암에 계시다가 전하실 말씀이 있으면 제가 혜암 큰스님을 뵈러 갔습니다. 다소 사무적인 측면이 강했어요. 하하.

1970~80년대까지만 해도 해인사의 중심은 선원이었습니다. 당대의 납자衲子들이 계셔서 더 그랬을 것입니다. 당연히 선방 수좌스님들의 기세가 등등했어요. 수시로 주지스님이나 삼직三職스님이 불려갈 정도였어요. 다소 거칠기까지 했던 선방대중을 혜암 큰스님께서 원만하게 이끌어주셨습니다. 혜암 큰스님은 해인총림의 유나維那, 수좌首座, 부방장副方丈을 차례로 맡으시면서 대중의 정진과 사중의 안정적 운영을 뒷받침하셨습니다. 성철 큰스님을 모시던 입장에서 누구보다 감사할 수밖에 없는 어른이십니다."

성철 스님과 혜암 스님은 1947년 봉암사 결사에 함께했고 또 1950년대 초에는 통영 안정사 천제굴에서 같이 정진했다. 다시 세월이 흘러 해인총림의 가풍을 세우는 데 의기투합한 것이다.

"성철 큰스님께서는 혜암 큰스님과 같이 계시기를 원하셨어요. 그렇게 인연이 돼 지금 원당암은 혜암 큰스님의 원력으로 전국 최고의 재가선원이 되었습니다."

성철 스님이 혜암 스님을 그 누구보다 아꼈다는 것은 성철 스님이 해야 할 상당법문을 혜암 스님이 대신했다는 것에서 확인할 수 있다.

"성철 큰스님께서 하루는 저를 불러 말씀하셨어요. 말년에 당신께서 여러 가지로 힘이 드니 결제 기간 6번의 법문을 다 할 수는 없을 것 같다고 하시며, 결제, 해제 법문만 큰스님께서 하시고 보름날과 그믐날에 하는 총 4번의 상당법문은 혜암 큰스님께 부탁하라는 말씀을 하셨습니다. 혜암 큰스님께 성철 큰스님의 뜻을 전해드린 후 며칠 지나 다른 일 때문에 원당암에 가게 되었습니다. 혜암 큰스

성철 스님과 혜암 스님.

돈오돈수의 정법을 실천하신 어른

님께서는 한문과 일본어로 된 여러 경전과 선어록을 보고 계셨습니다. '무슨 일을 하고 계시냐'고 여쭈니 '상당법문 초안을 만들고 있다'고 하셔서 깜짝 놀랐습니다. 어록의 내용을 확인하고 직접 손으로 내용을 정리하셨습니다. 그전에도 많이 느꼈지만 혜암 큰스님께서는 일을 결코 허투루 하시는 분이 아니셨습니다. 이런 분이 성철 큰스님 후임 방장에 추대되신 것은 당연했습니다."

원택 스님은 혜암 스님과 성철 스님의 수많은 공통점을 설명했다. 수행에 대한 열정과 바른 공부법에 대한 확고한 의지는 물론이고 스스로에게는 엄했지만 대중에게는 한없이 인자했던 모습 등을 쉴 새 없이 전했다. 어쩌면 원택 스님은 너무도 닮은 두 스승을 함께 시봉했는지 모른다.

혜암 스님과 즐거운 대화를 나누고 있는 원택 스님. 왼쪽은 대오 스님.

혜암 큰스님께 가장 고마운 것은 성철 큰스님이 계실 때 함께 마음을 모아 해인총림을 지켜주신 것입니다. 당신의 수행도 정말 치열하게 하셨지만 후학의 입장에서 볼 때 그 누구보다 해인총림을 위해 사신 어른이셨습니다.

혜암 큰스님께서는 항상 '공부하다 죽어라'를 강조하셨습니다. '화두공부를 해서 깨달음을 얻는 것이 중의 본분'이라고 당부하셨어요. 더 자주 뵙고 큰스님의 가르침을 받았어야 했는데 그렇게 하지 못한 것이 아쉽고 안타깝습니다. 혜암 큰스님의 가르침이 가야산을 넘어 더 많은 곳으로 전해지기를 기대합니다.

"큰스님은 수좌의 왕"

_함양 도솔암 주지 정견 스님

평생 선방에서 정진해 온 정견 스님을 만나러 가는 길. 굽이굽이 이어지는 지리산만큼이나 깊고 깊은 깨달음의 세계에 대해 생각해 본다. 말로 표현할 수 없는, 오로지 체험을 통해서만 알 수 있는 그 세계는 어떤 곳일지 더 궁금해졌다.

정견 스님은 지리산 도솔암에서 내려와 잠시 청매암에서 정진하고 있다. 주석하는 암자 이름에 대해 궁금한 것이 한두 가지가 아니었다. 혜암 스님도 지리산 청매 토굴에서 정진했고 훗날 그곳은 도솔암이 되었다. 모두 혜암 스님의 원력으로 재탄생한 수행처였다. 그런데 또 청매암?

청매암과 혜암 스님 그리고 정견 스님
서울에서 한참을 달려 도착한 청매암은 지리산에 앉아있는 소박한

암자였다. 인법당과 요사채, 석탑 등이 눈에 보였다. 약속시간보다 조금 일찍 도착해 법당을 참배하고 정견 스님을 기다리며 '청매인 오선사 십무익송靑梅印悟禪師 十無益頌'을 다시 봤다.

1. 心不返照 看經無益(심불반조 간경무익) – 자신의 마음을 돌이켜 보지 않으면 경전을 읽어도 이익이 없다.

2. 不達性空 坐禪無益(불달성공 좌선무익) – 성품이 공함을 사무쳐 깨닫지 못하면 좌선을 하더라도 이익이 없다.

3. 不信正法 苦行無益(불신정법 고행무익) – 정법을 믿지 아니하면 고행을 하더라도 이익이 없다.

4. 不折我慢 學法無益(불절아만 학법무익) – 아만을 꺾지 못하면 불법을 배워도 이익이 없다.

5. 欠人師德 濟衆無益(흠인사덕 제중무익) - 다른 사람들의 스승 자격 [德]이 없으면서 대중을 거느려도 이익이 없다.

6. 內無實德 外儀無益(내무실덕 외의무익) - 안으로 실다운 덕이 없으면 밖으로 위의를 세워도 이익이 없다.

7. 心非信實 巧言無益(심비신실 교언무익) - 마음이 진실하지 아니하면 말을 잘 하더라도 이익이 없다.

8. 輕因重果 求道無益(경인중과 구도무익) - 원인을 가벼이 여기고 결과만 중히 여긴다면 도를 구하여도 이익이 없다.

9. 滿腹無識 驕慢無益(만복무식 교만무익) - 뱃속에 무식만 가득하면 교만하여 이익이 없다.

10. 一生乖角 處衆無益(일생괴각 처중무익) - 일생 동안 자기의 고집을 버리지 못하면 대중과 함께하더라도 이익이 없다.

청매 스님이 지은 것이지만 혜암 스님이 생전에 대중에게 내렸던 가르침과 다르지 않은 느낌이다. 생전 혜암 스님은 청매 스님에 대한 말씀도 적지 않게 했다.

청매 스님과 혜암 스님의 삶을 더듬다 정견 스님을 만났다. 스님은 전과 다르지 않은 소탈한 미소로 객을 맞아주었다.

"청매 토굴로 불리던 곳을 불사해 지금의 도솔암이 되었습니다. 제 은사이신 혜암 큰스님을 도와 도솔암 불사를 하고 난 뒤 줄곧 이곳을 지켰습니다. 물론 결제철에는 제방에서 정진했습니다. 도솔암에 있을 때 여기 청매암 터를 마련했습니다.

청매 토굴에서 도솔암으로 그리고 다시 청매암으로 제 삶이 이어졌습니다. 이곳 불사를 하면서 주저 없이 이름을 '청매암青梅庵'으로 했어요. 지금 도솔암에서는 해인총림 방장 원각 스님의 상좌스님이 기도정진을 하고 있습니다. 그래서 저는 그 스님에게 모든 것을 맡기고 청매암에서 살고 있습니다."

청매 토굴과 청매암, 혜암 스님 그리고 정견 스님은 이렇게 인연으로 묶여있었다. 정견 스님에게 본격적으로 혜암 스님과의 인연을 듣기 시작했다.

지리산에서 온 도인, 혜암 큰스님

"저는 열여섯 살에 부산 기장 원효사로 출가했습니다. 속가 아버지는 함양 벽송사 주지를 역임했던 스님이셨습니다. 당연히 어릴 때부터 불교와 인연이 깊었어요. 스님들의 모습만 봐도 좋았습니다.

지리산 도솔암.

라디오에서 염불소리가 나와도 반가웠어요. 기장으로 간 것도 아버지 스님의 추천 때문이었습니다.

기장에서 2년 정도 머물다가 그곳 어른스님의 추천과 권유로 1977년 10월에 해인사로 왔습니다. 가야산의 가을 단풍을 보면서 해인사로 가는데 낯설지 않았어요. 꼭 전생에 제가 살았던 곳 같은 느낌이 들었습니다. 그렇게 기분이 좋았습니다.

해인사로 갔을 때가 열여덟이었습니다. 행자실에서 아마 제일 어렸던 것 같아요. 나이 많은 행자님이 그래도 저를 많이 챙겨주셨어요. 제가 잠이 많아 좀 고생을 했는데 항상 '김 행자 빨리 일어나. 예불하러 가자'고 깨워주셨습니다. 30여 명의 도반과 같이 생활하니까 힘들지만 재미있었습니다."

행자생활이 끝날 때쯤 스님도 스승을 모셔야 했다. 다른 도반들은 다 스승을 정했지만 스님은 진행 속도가 더뎠다. 그러던 중 소문을 접했다.

"행자들 사이에서 지리산에서 오신 도인이 해인사 극락전에 계시다는 소문이 나기 시작했습니다. 저 역시 그 도인스님을 뵙고 싶기도 했고 또 스승으로 모시면 좋겠다는 생각이 들어 극락전으로 가서 인사를 드렸습니다.

처음 뵌 큰스님의 모습은 너무 맑고 깨끗했습니다. 온몸에서 광채가 났습니다. 저를 보시는 눈빛에서 제가 찾아간 이유를 다 알고 계신 것 같았어요. 저만의 생각인지 모르지만 큰스님께서는 저를 굉장히 좋아하시는 느낌이었습니다. 하하. 그래서 말씀을 올렸습니다. '큰스님을 스승으로 모시고 싶습니다.' 그런데 뜻밖의 말씀을 하셨습니다. '나는 상좌 안 받는다. 상좌 하나면 지옥이 하나다.' 기대와 달리 큰스님께서는 허락을 하지 않으셨습니다.

며칠이 지나 다시 큰스님께 갔습니다. 두 번째 뵀을 때 비로소 큰스님께서는 저를 상좌로 받아주셨습니다. 너무 기뻤어요. 다시 며칠이 지나 큰스님께서 부르셔서 갔더니 가사와 장삼을 직접 준비해주셨습니다. 아무것도 모르던 저에게 큰 선물이었습니다."

혜암 스님은 새 상좌에게 '正見정견'이라는 법명을 내렸다. 혜암 스님은 "바르게 보고 바르게 정진하라"고 당부했다.

"사실 그때 저는 제 법명의 의미를 제대로 몰랐습니다. 큰스님께서는 '너는 정견을 써야 한다'고만 하셨어요. 지금 생각하면 엄청난 이름인데도 그때는 정말 아무것도 몰랐습니다. 하하."

스님은 이렇게 쉽지 않은 과정을 거쳐 1978년 봄에 계를 받았다. 그리고 곧바로 해인강원에 입학했다.

"강원에서《치문》을 마치고《사집》을 배우던 중 큰스님께서 지리산 상무주암으로 간다고 하셔서 저도 따라갔습니다. 사형 여연 스님 등과 함께 상무주암에서 정진했습니다. 준비도 못한 상태에서 단식 용맹정진을 하려니 힘들었습니다.

큰스님 모시고 정진을 하는데 제가 '쿵' 소리와 함께 뒤로 자빠지니까 다른 스님들이 막 웃고 그랬어요. 제가 귀엽게 보이셨던지 큰스님께서는 죽비로 경책을 하시면서도 인자한 말투로 '잘 좀 해봐'라고 말씀하셨던 기억이 납니다.

용맹정진을 끝내고 백장암에 포행을 가니 주지스님께서 '천상에서 내려온 스님들 같다'며 격려해 주시기도 했습니다."

맨손으로 일군 지리산 도솔암

상무주암에서 정진하면서 정견 스님은 혜암 스님의 속마음을 알게 됐다. 혜암 스님이 청매 토굴 복원 의지를 강력하게 피력한 것이다.

"큰스님께서 여러 번 말씀하셨던 것을 직접 들었습니다. 상무주암 마당에서 청매 토굴이 보여서 그런지 큰스님께서는 청매 토굴을 가리키면서 자주 말씀하셨습니다.

시간이 지나 상무주암에서 정진을 마치고 다시 해인사로 왔습니다. 해인사에서도 큰스님의 말씀이 계속 생각났어요. 그래서 따로 보고도 드리지 않고 혼자 청매 토굴에서 일주일 머물다 온 적이 있습니다. 청매 토굴에 가보니 작은 움막이 전부였습니다. 스님들이 정진한 흔적이 남아있긴 했습니다.

나중에 '얘기도 안 하고 어디 갔다 왔느냐'고 큰스님께 혼나기도 했습니다만, 큰스님 마음을 살펴드리고 싶었어요."

세월이 흘러 정견 스님은 지리산 영원사에서 2년간 관음기도를 했다. 관음기도가 끝나고 본격적으로 청매 토굴 불사를 시작했다. 불사는 말 그대로 맨 땅에 헤딩하듯 시작됐다.

"1982년에 시작했습니다. 처음에 5평 정도의 터에 나무로 기둥을 세우고 천막을 덮었습니다. 제가 큰스님을 모시고 정진하면서 불사를 했습니다. 사제인 능혜 스님도 나중에 와서 불사를 도왔습니다.

청매 토굴에 처음 갔을 때는 큰 나무가 많았고 수풀도 크게 우거져 있었습니다. 그래서 터 정리부터 했습니다. 나무는 멀리까지 베어냈습니다. 산불 위험이 있고 또 큰 나무 주변은 습해서 기운이 별로 좋지 않기 때문입니다. 그때는 젊을 때라 거침없이 일을 했어요.

한번은 구들장을 지게에 지고 옮기다 신고 있던 고무신이 미끄러지면서 크게 다친 적도 있습니다.

불사가 궤도에 오르면서 국립공원관리공단에 허가 신청을 했습니다. 그런데 아무 설명도 없이 계속 불허 판정이 났습니다. 사찰 땅에 암자를 짓는 것임에도 허가가 나지 않았어요. 나중에 큰스님께서 관련 정부기관 곳곳을 찾아다니시면서 설명을 했는데도 잘 안 됐습니다.

청매 토굴에서 불사는 불사대로 하면서 부산에서는 법당을 올릴 때 쓸 나무를 준비하기 시작했습니다. 우여곡절 끝에 1987년 7월 7일 공식 허가가 나고 인근 다섯 마을 사람들이 지게로 다듬어진 목재를 옮겼습니다. 수십 명이 나무를 지고 지리산으로 올라가는

도솔암 불사 당시인 1985년 임시로 지은 천막 앞에 선 정견 스님.

풍경이 제법 볼만했어요.

　3채뿐이었지만 그래도 정진하기에는 딱 좋은 도량이 되었습니다. 그때부터 청매 토굴은 도솔암이 되었고 지금에 이르고 있습니다."

　도솔암 불사가 끝나자 전국의 수좌스님들이 찾아와 정진했다. 정견 스님은 혜암 스님의 원력이 있었기 때문에 도솔암 불사가 가능했다고 전했다.

　"혜암 큰스님 덕화와 원력으로 불사가 됐습니다. 큰스님께서는 불사가 끝나고 '고생했다'고 말씀하시며 제 등을 두드려주셨습니다.

　결제철이건 해제철이건 도솔암에서 큰스님을 모시고 살 때는 항상 새벽 2시에 일정을 시작해 정진과 일을 병행했습니다. 길 내고 나무 정리하는 일을 끊임없이 계속했던 기억이 납니다."

　불사가 끝나고 도솔암이 수좌스님들의 안정적인 수행처가 되자 스님은 제방에서의 정진을 시작했다. 조계종립 특별선원 봉암사와 삼보사찰 선원을 비롯한 전국의 선방은 안 다닌 곳이 없을 정도로 열심히 정진했다. 해제하면 도솔암에 바랑을 풀어놓았고 결제가 시작되면 다시 길을 나섰다.

　"저는 지리산 상무주암에서 큰스님께 '만법귀일 일귀하처萬法歸──歸何處' 화두를 받았습니다. 화두를 주시면서 큰스님께서는 '우리가 살 길은 이것뿐이다. 힘들어도 계속 애를 쓰고 집중하면 나중에 반드시 좋은 일이 생길 것이다'라고 말씀하셨습니다.

　저 역시 아직 공부가 더 남아있긴 하지만 요즘 수좌들은 제대로 하지도 않고 된다, 안 된다 합니다. 노력하지 않고 안 된다고 하는 것은 적절하지 않습니다. 꾸준하게 하다 보면 큰스님의 말씀처럼 반드시 그 맛을 알게 되는 순간이 있을 것입니다."

정견 스님은 혜암 스님을 모시고 정진하면서 있었던 수많은 일화를 전했다. 공부를 할 때는 서릿발 같은 기상으로 정진에만 몰두했고 대중생활을 할 때는 항상 먼저 솔선수범을 했던 혜암 스님을 정견 스님은 그리워하고 또 그리워했다.

"열반하시기 3일 전, 칠불암 선원에서 제가 입승을 보고 있을 때 큰스님께서 제 꿈에 나타나셨습니다. 큰스님께서는 '정견아! 왜 오지 않느냐? 빨리 와라' 하고 계속 말씀하셨습니다. 그 말씀을 들은 저는 큰스님께 맑은 물을 가져다 드리려고 작은 병에 물을 받았습니다. 그런데 계속 흙탕물만 나와요. 버리고 받아도 버리고 받아도

해인사 퇴설당 앞에서 대중과 함께한 혜암 스님과 지관 스님.
둘째 줄 왼쪽에서 네 번째가 정견 스님.

225
큰스님은 수좌의 왕

맑은 물이 나오지 않았어요. 초조해지는 순간 놀라서 잠에서 깼습니다. 잠에서 깨고 계속 마음이 편하지 않았는데 3일 후에 큰스님 열반 소식을 들었습니다.

엄청 추울 때 열반하셨는데 영결식과 다비식을 하는 순간에는 하늘이 몹시 맑고 청명했습니다. 꼭 큰스님의 생전 모습과 같은 날씨였어요."

혜암 스님과의 인연을 전하는 정견 스님의 모습은 천진난만한 아이 같았다. 때로는 웃음 속에서 때로는 눈물 속에서 스승과의 기억을 더듬었다. 정견 스님을 통해 스승의 힘을 확인할 수 있었다.

스님에게 혜암 큰스님은 어떤 존재인가요?

큰스님은 수좌의 왕이십니다. 큰스님께서는 평생 동안의 화두참선을 통해서 깨달음을 얻으셨습니다. 다른 수좌스님들과는 확실히 달랐어요. 큰스님의 수행에 대해 토를 다는 분들이 없습니다. 그 정도로 모든 분이 인정하는 수좌가 바로 혜암 큰스님이십니다.

저는 큰스님께 굉장히 큰 사랑을 받았습니다. 큰스님 기대에 부응하지 못해 죄송할 뿐입니다. 남은 시간 최선을 다해 정진하면서 조금이라도 큰스님 은혜를 갚도록 노력하겠습니다.

"부처님처럼 모든 사람에게
이익을 주신 분"

_서울 경국사 주지 해운 스님

서울 정릉 경국사는 도심 속 산사다. 절 앞의 길지 않은 다리를 건너면 도심에서 산사로 순간 이동을 한 듯하다. 가을 낙엽이 뒹굴고 있는 절 앞길을 따라 찬찬히 걸었다. 사찰 입구에 서있는 지관 스님의 '불교대사림편찬발원문'을 다시 읽어본다. 스님이 불교대사전 발간을 서원하고 삼천배를 한 뒤 작성한 발원문이다. '가산불교대사림'의 역사를 고스란히 간직하고 있다.

지관 큰스님은 원효 이후 최고의 학승
발걸음을 돌려 지관 스님이 주석하던 방인 무우정사無憂精舍에 들렀다. 아픈 손과 목을 붙잡고 밤새 원고 작업에 몰두하던 스님의 모습이 다시 떠오른다.
　극락보전 부처님에게 인사드리고 주지스님의 방문을 두드렸다.

해운 스님이 포교에 진력하고 있는 서울 경국사.

2014년부터 주지를 맡고 있는 해운 스님이 반가운 얼굴을 보여주었다.

해운 스님을 보니 지관 스님이 다시 떠올랐다. 편안하고 인자한 표정이 지관 스님과 닮았기 때문이다. 지관 스님은 현대 한국불교의 최고 학승이다. 2012년 1월 지관 스님은 '사세辭世를 앞두고'라는 제목의 임종게를 남기고 열반에 들었다.

無常肉身 開蓮花於娑婆 무상육신 개연화어사바
幻化空身 顯法身於寂滅 환화공신 현법신어적멸
八十年前 渠是我 팔십년전 거시아
八十年後 我是渠 팔십년후 아시거

부처님처럼 모든 사람에게 이익을 주신 분

무상한 육신으로 연꽃을 사바에 피우고
허깨비 빈 몸으로 법신을 적멸에 드러내네.
팔십 년 전에는 그가 바로 나이더니
팔십 년 후에는 내가 바로 그이로다.

해운 스님은 어떻게 지관 스님을 스승으로 모시게 됐을까? 스님의
출가 인연 속에서 또 다른 스승 혜암 스님도 만나게 된다.

"불연佛緣이 있었는지 고등학생 시절부터 여러 어른을 친견할 기
회가 많았어요. 우화, 구산, 서옹, 법정 큰스님을 뵈면서 스님이 되
는 꿈을 꾸기 시작했습니다. 대학에 입학해서는 광주 신광사에 주
석하던 비구니 혜운 스님께 가르침을 받았습니다. 혜운 스님은 해
인사 삼선암 정행 스님 맏상좌입니다. 혜운 스님은 저에게 출가하

밤늦게까지 원고를 검토하고 있는 지관 스님.

라고 독려해 주셨습니다. 혜운 스님은 자운 노스님을 존경하고 모셨습니다. 자운 노스님은 저를 당신의 상좌인 지관 큰스님께 보내셨습니다.

서울로 가 지관 큰스님께 말씀드리니 '대학 졸업하고 군대 제대하고 오라'고 합니다. 저는 낙담했지만 오히려 그것이 계기가 돼 큰스님을 더 열심히 모셨습니다. 시간이 될 때마다 큰스님을 찾아뵙고 또 모시고 다녔습니다. 대학을 졸업하고 ROTC 장교로 입대해 4년 6개월간 근무했습니다.

제가 군에 있을 때 한번은 해인사에서 지관 큰스님을 뵈었는데 시봉하던 태원 스님이 저에게 '해인사에 정진 잘하기로 소문난 도인이 계신데 지리산에서 오셨는지 모르겠다'고 합니다. 그래서 그 도인이 누구냐고 여쭈어보니 혜암 큰스님이라고 하셨습니다. 그때 처음으로 혜암 큰스님을 알게 됐습니다.

1979년 6월 23일에 군 복무를 마치고 지관 큰스님께 갔더니 미리 준비해 둔 장삼을 주면서 '이거 입고 해인사 가서 출가하라'고 하십니다. 저는 몹시 기분이 좋아 해인사 앞까지 속인 신분으로 장삼을 입고 갔습니다. 그러고는 6월 25일에 정식 출가했습니다."

스님은 지관 스님의 말씀에 따라 9년 가까운 시간을 기다려 출가했다. 보통 사람 같으면 포기하고도 남을 시간을 견디고 견뎌 수행자가 된 셈이다.

"큰스님은 경국사에 주석하시면서 아침 8시면 어김없이 가산불교문화연구원으로 출근해서 하루 종일 작업을 하고 밤 9시에 퇴근하셨습니다. 절에 오셔서도 새벽 2시까지 원고를 쓰셨습니다. 총무

부처님처럼 모든 사람에게 이익을 주신 분

원장을 하실 때도 그랬습니다. 평생 그렇게 정진하시다 보니 큰스님은 절에 오시면 항상 오른 손목과 목에 파스를 붙이고 계셨습니다. 글을 쓰시느라 방에서 입으시던 옷의 오른쪽 팔꿈치 부분은 항상 떨어져 있었던 기억이 납니다."

해운 스님은 "지관 큰스님은 원효 대사 이후 최고의 강백으로 손색이 없다"고 강조했다.

그대는 어디서 왔어?

해운 스님은 그렇게 인연因緣으로 출가했다. 스님의 발원과 인내가 좋은 결과로 이어진 셈이다.

"출가 전에도 해인사에 가면 스님들 경 읽는 소리가 너무 좋았습니다. 정말 아름다웠습니다. 어떤 때는 감동적이었어요. 가야산 물은 맑았고 소나무들도 늠름했어요. 출가해서 보니 절이 깊은 산중에 있어 밖에 나가고 싶은 생각도 안 들었습니다. 번뇌망상이 머리에 들어오지도 못했어요. 세계 어디에도 이런 성지가 없습니다."

스님이 출가했을 당시 해인사에는 500명이 넘는 대중이 살았다. 출가하려는 행자들도 끊이지 않았다. "하루 10명씩 행자가 왔다"고 한다.

"새벽 2시 30분에 기상해서 밤 10시까지 일을 해야 하니 나가는 행자들도 많았습니다. 제가 계를 받을 때는 3명만 수계를 받았습니다. 하하."

당시 행자실은 바쁘게 돌아갔다. 행자들은 사중 일에 손을 보태기도 했지만 기본 교육도 함께 받았다. 해운 스님은 행자반장 종묵

스님과 상의해 법사로 혜암 스님을 모시기로 했다. 출가 전 태원 스님에게 들은 '정진제일 도인'을 직접 보고 싶었기 때문이다.

날짜가 정해지고 행자들이 명월당으로 향했다. 안에 들어가니 긴 수염을 한 혜암 스님이 해운 스님에게 대뜸 물었다. "그대는 어디서 왔어?" "지관 스님 상좌입니다."

자리가 정리되고 혜암 스님의 법문이 시작됐다. 평생 눕지 않는 장좌불와長坐不臥와 하루 한 끼만을 먹는 일종식一種食 정진을 하고 있던 혜암 스님은 깡마른 몸이었지만 눈에서는 빛이 났다.

"큰스님께서는 '스님은 정진 열심히 해서 깨닫는 것이 제일 중요하다'며 당신의 여러 수행 일화를 들려주셨습니다. 백련암 환적대에서 단식 용맹정진하던 이야기며 오대산 북대에 살 때 신도들이 가져온 쌀을 새들에게 나눠준 얘기도 해주셨습니다. 큰스님의 말씀을 들어보니 군대에서 장교로 월급 받고 군용차 타고 다니던 제가 부끄러워졌어요. 그래서 저도 혜암 큰스님처럼 단식 용맹정진을 하자고 마음먹고 21일간 단식을 하기도 했습니다.

수행 일화를 들으며 큰스님을 모시고 살면 많은 것을 배울 수 있겠다 생각하고 그때부터 혜암 큰스님 곁을 떠나지 않았습니다."

해인강원에 입학한 스님은 시간이 될 때마다 혜암 스님을 찾았다. 어릴 때부터 어른들을 가까이에서 모셨던 해운 스님은 혜암 스님을 정성껏 시봉했다. 그래서인지 혜암 스님도 해운 스님을 자주 불렀다.

"강원에 있었지만 큰스님께서 가자고 하시는 곳은 다 따라다녔습니다. 태백산 각화사 동암, 지리산 영원사, 상무주암, 도솔암 등등을 여러 번 다녀왔습니다. 학인은 대중생활을 해야 했지만 큰스님을 모시고 있다고 하니 강원 입승스님과 찰중스님께서 많이 봐주셨습니다.

잘 아시듯이 큰스님께서는 평생 장좌불와를 하셔서 주무시지를 않았어요. 시봉하는 저는 당연히 고생 좀 했습니다. 큰스님이 정진하시던 곳에는 이불이 없어요. 오직 좌복 하나입니다. 밤 11시만 되면 큰스님은 좌복에 앉으셔서 정진을 하셨습니다. 정말 미동도 않고 앉아계셨습니다. 큰스님의 뒷모습만 봐도 수행자의 결기가 느껴졌습니다. 그런 큰스님을 보고 있으면 잠도 안 와 밤새 뒤척이기만 했습니다. 하하."

혜암 스님이 해인사 조사전에서 결사할 때 역시 해운 스님이 시봉했다. 스님은 이때 매일 아침마다 30분씩 혜암 스님의 소참법문을 들었다.

"큰스님께서는 그때 참선공부법과 인과 등 조사스님의 청풍가풍과 운수납자의 본래면목, 부처님 핵심 교리를 아주 쉽게 풀어서 설명해 주셨습니다. 저는 정말 살아있는 공부를 했습니다."

혜암 스님의 영향이었는지 해운 스님은 출가 후 강원 졸업 때까지 1년 2번, 총 8번의 해인사 용맹정진에 빠짐없이 참석했다.

해인강원을 졸업하고 불교학에 대한 갈증이 컸던 해운 스님은 유학을 결심했다. 일본 다이쇼대학에 입학하기로 하고 혜암 스님의 방문을 두드렸다.

"큰스님! 공부를 더 하려고 합니다. 일본 유학이 확정되어서 인사드리러 왔습니다." 해운 스님은 조심스럽게 얘기를 꺼냈다. 유학보다 선방에 가라고 혼이 날 것 같아서 더 조심스러웠다.

"그래? 대大를 위해 유학 가는 것도 좋아. 나중에 큰일을 해야 할 것이니 가서 공부 잘하고 오거라."

호통이 아닌 격려였다. 해운 스님은 안도의 한숨을 내쉬었다. 혜암 스님은 격려와 함께 당신의 서랍을 열어 장학금도 내놨다. 무려 500만 원이었다.

"1984년도에 500만 원이면 지금으로서는 상상할 수 없는 큰돈입니다. 나중에 혜암 큰스님의 어떤 상좌스님은 '나는 한 푼도 못 받았는데 스님은 어떻게 그렇게 큰 장학금을 받았느냐'고 부러워했습니다. 하하."

뱀이 걱정하던 수행자

해운 스님은 일본으로 유학을 가 7년간 공부하며 박사과정을 마쳤다. 공부하는 동안 혜암 스님을 모시고 일본 사찰 순례를 하기도 했다. 영평사, 임제종의 본산 대덕사, 동대사, 히에이산 연력사, 청수사, 동경 증상사, 가마쿠라 건장사, 닛코 인왕사, 하코네 등을 참배했다. 임제종, 조동종, 정토종 종정스님도 만나서 우정을 나눴다. 한국에 돌아와 해인사에서 소임을 보고 동국대 등에서 강의를 하다 다시 다이쇼대학으로 가 〈영명연수 선사의 선정 융합사상 연구〉로 박사학위를 받았다.

"16년 만에 학위를 받았어요. 참선을 하지 않으면 영명연수 선사의 사상을 이해하기 어려운데 혜암 큰스님께 법문을 듣고 발심해 선방에서 정진을 한 덕분에 논문을 쓸 수 있었습니다. 지금도 감사

1987년 가을경 혜암 스님을 모시고 일본 나라 동대사 순례를 할 때의 모습.

한 마음입니다."

강원을 졸업하고 제방에서 연구정진하면서도 스님은 자주 혜암 스님을 찾아 인사를 드렸다. 그때마다 혜암 스님과 관련한 전설적인 이야기를 끊임없이 들었다.

"제가 강원에 있을 때 직접 본 것입니다. 그때 절에는 뱀이 자주 나왔어요. 우리 같으면 뱀을 잡아서 죽였겠지만 큰스님은 함부로 생명을 죽이지 않으셨어요. 뱀이 나오면 작은 나무로 뱀의 등을 찬찬히 쓰다듬으며 '보리심 일으켜라. 보리심 일으켜라'라고 말씀하시며 어루만져 주셨습니다. 몇 번을 그렇게 하셨습니다.

어느 날 큰스님 상좌스님이 그 뱀과 관련된 이야기를 저에게 전해주었습니다. 큰스님께서 상좌스님을 혼내는데 목소리가 많이 커졌다고 합니다. 상좌스님도 나름 억울해서 목소리를 높였다고 해요. 두 번을 그랬답니다. 그런데 큰스님의 노여운 목소리를 들었는지 두 번 다 그 뱀이 상좌스님 방 앞에서 고개를 들고 서있었다고 합니다. 상좌스님이 방문을 열고 나오다 깜짝 놀랐다고 합니다. 그스님은 '뱀이 큰스님을 지켜드리려고 문 앞에 서있었던 것 같다'고 했습니다. 결국 그 스님은 자기 잘못을 참회하였습니다.

큰스님께서 지리산 상무주암에 계실 때는 배고픔을 참지 못한 곰이 내려왔었다고 해요. 먹을 것을 찾던 곰이 삼매에 든 큰스님의 모습을 보고는 도망갔다고 합니다. 나중에 큰스님께서는 '내가 먹는 것을 두지 않으니 곰도 아마 그 눈치를 채고 간 것이 아닌가 싶다'고 하시더라고요. 하하.

곁에서 시봉을 했던 스님들은 큰스님의 기개를 잘 알고 있습니다. 수행자의 위의威儀가 대단했습니다. 한번은 주한미국대사가 해인사에 왔습니다. 해인사 모든 대중이 대사를 잘 모셨습니다. 마지막 일정으로 큰스님을 뵈려고 방장실을 찾았습니다. 방장실에서 다리를 뻗고 편하게 앉아있던 대사를 보자마자 큰스님께서는 호통을 치셨습니다. 아마 욕도 좀 섞여있었던 것 같습니다. 하하. '예절도 없는 것이 이 절 저 절 돌아다니면서 살만 찌운다'고 혼내던 큰스님의 모습이 정말 당당했습니다. 그 대사는 바로 무릎을 꿇고 큰스님께 사과드렸습니다. 큰스님은 군사정권 시절 대통령을 만나도 절대 고개를 숙이지 않았던 분입니다.

큰스님께서 원당암에 계실 때는 저도 자주 함께 정진했습니다. 철야 용맹정진을 하고도 쉬지 않고 밭에서 일을 하거나 장작을 패

1994년 겨울 해인사 선원에서 지관, 혜암, 법전 스님과 함께한 해운 스님.

던 큰스님의 모습이 선합니다. 정말 저는 범접할 수 없는 조사스님 이셨습니다."

해운 스님은 "혜암 큰스님을 가까이서 모실 수 있었던 것은 큰 복"이라고 했다. 스님은 "가능할지 모르겠지만 혜암 큰스님처럼 진 실한 수행자가 되도록 더 노력하겠다"고 힘주어 말했다.

큰스님은 항상 청정하셨습니다. 청정한 모습 그대로 중생에게 태양 처럼 따뜻한 빛을 주셨고, 또 환희심을 주셨습니다. 큰스님의 모습 자체가 조사스님이었습니다. 화두일념으로 공부하라고 끊임없이 경책해 주셨습니다.

조사스님은 "청빈하면서 걸림 없는 무애도인이어야 하며, 세상 사람들에게 존경받으려고 하지 말고, 그대가 이 세상에 태어나지 않았다고 생각하고 화두일념이 오매일여寤寐一如가 되어서 직지인심 견성성불直指人心 見性成佛해야 한다. 정진하다 죽어라"라는 말씀을 하셨습니다.

지금 생각해 보면 큰스님은 모든 사람에게 이익을 주신 분입니다. 부처님처럼 말입니다. 생각할수록 그리운 스승이 바로 혜암 큰스님입니다.

"큰스님은 진정한 부처님 제자"

_조계종 10대 종정 예경실장 대오 스님

고양 흥국사는 가깝고도 먼 절이었다. 아주 오래전부터 새로 부임한 주지스님이 포교의 모범을 만들고 있다는 소문을 듣고 있었지만 막상 절에 갈 인연이 만들어지지 않았다. 미루고 미루다 보니 벌써 10여 년이 흘러버렸다.

가고자 하는 마음이 결국엔 통한 것인지 흥국사를 향해 달렸다. 서울 은평구 진관사와 삼천사를 지나니 얼마 못 가 바로 흥국사다. 사실상 서울 권역이지만 행정구역은 경기도 고양시다. 절이 가까워오자 좁은 진입로를 넓히는 공사가 한창이다.

수행과 덕행으로 포교해야

경기도의 작은 절 흥국사를 수도권의 모범 포교도량으로 일군 사람은 바로 대오 스님이다. 하얗고 긴 눈썹, 큰 눈은 도인의 풍모 그대로

다. 신도대표들과 함께 사찰운영위를 막 마친 대오 스님을 만났다.

스님에게 가장 먼저 묻고 싶었던 것은 포교 노하우였다. 그러나 스님은 손사래를 쳤다.

"아직 제대로 포교를 못 했어요. 포교할 만한 자질을 갖춰야 하는데 저는 많이 부족합니다. 1등 포교사인 부처님처럼 지혜와 자비와 복덕을 갖춰야 하는데 그러지 못합니다. 법회를 하거나 신도님들을 만날 때면 항상 허전함을 느꼈습니다. 그래도 여러분이 많은 성과를 냈다고 칭찬해 주시니 정말 부끄럽기만 합니다."

흥국사는 지난 몇 년간 '부족함'이라는 말을 무색케 할 만큼 수많은 포교 성과를 냈다. 물론 대오 스님의 원력과 실천이 있었기에 가능한 일이었다. 스님은 지난 수년 동안 매월 초하루와 일요법회 등 모두 8번의 법회를 직접 주관했고 또 8번의 불교대학 강의를 한 번도 쉬지 않았다. 고정적으로 16번 불자들과 만나고 소통했다. 성과가 나오지 않을 수 없게 만든 것이다.

스님은 흥국사 주지를 맡자마자 불교 기본교육을 시작했다. 기본교육과 전문교육 시스템을 구축했고 이곳을 졸업한 사람만 1,500명 이상이다. 흥국사 불교대학을 졸업한 사람들은 봉사로 회향한다. 고양시의 대표적 봉사단체인 '천수천안 불교자원봉사단'에서 크고 작은 일을 맡아 발로 뛰고 있다.

2003년부터는 어린이 청소년 법회를 매주 일요일마다 열었다. '어린이 청소년 포교는 불제자의 사명'이기 때문이다. 흥국사는 불교 복지와 장학사업에서도 모범을 보여주었고 템플스테이와 혜명선원 운영에도 심혈을 기울이고 있다. 2016년 동안거부터 8명의 납자들이 방부를 들이고 있다. 매년 3,000명 이상의 지역 시민들이 함께하는 산사음악회와 500명 이상의 학생들이 경쟁적으로 참여하는 '북한산 어린이 청소년 문화축제'도 완전히 자리를 잡았다.

대오 스님은 "앞으로도 흥국사가 수행과 덕행을 갖춘 스님을 중심으로 지역민과 함께 공부하고 기도하고 수행하는 도량으로 자리 잡기를 바란다"고 말했다.

대오 스님을 잘 알고 있는 한 스님은 "스승 혜암 스님을 모시면서 터득한 수행 노하우를 포교에 접목하면서 시너지 효과가 발생한 것"이라며 "흥국사에서 '수행의 힘'을 보여줬다"고 극찬했다.

혜암 스님을 가장 가까이서 모신 대오 스님의 스승 이야기가 본격적으로 시작됐다.

온몸에서 빛이 나던 도인

"큰스님과의 인연을 말하려면 먼저 저의 출가부터 설명을 드려야 할 것 같습니다. 저는 대전 출신으로 부모님의 엄격한 교육 속에서 자랐습니다. 대전 고등학교 1학년 때까지는 꽤나 우수한 학생이었는데 어느 날 그간의 모든 것에 회의가 들었습니다. 성공과 입신양명에 대한 근본적인 의문이 생겼습니다.

그때 마침 형님이 보던 불교 관련 책들이 눈에 들어왔어요. 책에는 학교에서 하던 공부와는 전혀 다른 세계가 들어있었습니다. 자연히 학교 공부는 소홀히 하게 되었습니다. 고등학교를 졸업하고 군대를 마친 뒤에도 부친의 권유가 계속되어 3개월 공부하고 대학에 들어갔지만 역시 학업에 흥미를 느끼지 못하다가 서경보 스님의

244
스승 혜암

《오도의 길》이라는 책을 보았습니다. 화두공부 관련한 그 책을 보니까 눈이 번쩍 뜨였습니다.

출가해야겠다고 다짐한 뒤 해인사 원당암에 갔습니다. 거기서 3일 동안 기도를 하고 출가를 결심했습니다."

스님은 1980년 9월 3일 신라 구산선문을 찾아서 문경 봉암사로 갔다. 출가하러 온 대학생을 본 당시 봉암사 주지 도범 스님은 "대학을 마쳐야 한다"며 귀가를 종용했다. 그래도 스님은 버텼고, 도범 스님은 결국 "자운, 성철, 혜암, 일타 큰스님 등 어른이 많이 계시다"며 해인사행을 추천했다.

해인사에 도착한 스님은 팔만대장경을 봉안하고 있는 장경각을

해인사 원당암을 찾은 대오 스님과 불자들.

참배하고 곧바로 행자실로 갔다.

"행자반장이 저를 보더니 세숫대야를 주면서 화장실에 가서 똥을 퍼오라고 해요. 그래서 '아! 나를 시험하려고 하는구나' 즉시 알아채고 화장실 입구에 내려가서 문을 열고 똥을 푸려고 하니 행자반장이 '됐다' 하면서 행자실 입방을 허락하였습니다. 3일 만에 공양주를 맡아 6개월 동안 열심히 밥을 지었습니다."

행자생활이 끝날 때쯤 스님에게는 고민이 생겼다. 도인스님을 은사로 정하고자 했으나 아직 인연이 닿지 않은 것이다. 그러던 중 운명적인 만남이 이뤄졌다.

"그날도 점심공양 준비를 하고 있었는데 선배스님이 저한테 '도인스님 오셨다. 빨리 밖으로 나와 봐라' 하고 소리를 쳤습니다. 밖에 나가보니 체구는 아주 작은데 당당하면서도 단단한, 그리고 온몸에서 빛이 나는 어른이 보였어요. 바로 혜암 큰스님이셨습니다. 그때 큰스님의 머리에서 어찌나 광채가 나는지 머리에 참기름을 바른 줄 알았습니다. 예전에 청담 큰스님께서는 큰스님과 함께 길을 가시다가 '혜암이 머리에 전봇대가 비치네'라고 말씀하신 적이 있다고 합니다. 큰스님은 그 정도로 깨끗하고 청정하신 분이셨습니다. 주먹을 쥔 손에서도 빛이 날 정도였습니다. 큰스님 열반하시고 다비를 하니 황금빛 사리가 많았습니다."

대오 스님은 혜암 스님을 처음 보자마자 깜짝 놀랐다고 한다. "저분이 도인이구나" 하는 생각이 머리를 스쳤다. 그날 저녁 스님은 해인총림 유나維那로서 후학들을 제접하며 조사전에서 정진하고 있던 혜암 스님의 방문을 두드렸다.

원당암 경내에서 혜암 스님에게 보고를 올리고 있는 대오 스님.

"큰스님을 스승으로 모시고 싶습니다." "고향이 어디냐?" "대전입니다." "뭐하다 왔느냐?" "대학 다니다 왔습니다." "출가 잘 했다. 일체중생이 전생의 부모 아님이 없다. 한 생각 일어나고 한 생각 없어지는 것이 바로 생사生死다. 생사를 해탈해야 부모를 건질 수 있다."

혜암 스님의 법문은 두 시간 동안 계속됐다. "중생을 제도하려면 크게 깨달아야 한다. 법명을 '大悟대오'로 해라."

큰스님은 진정한 부처님 제자

그렇게 대오 스님은 혜암 스님을 스승으로 모시게 되었다. 사미계를 받은 스님은 곧바로 혜암 스님을 시봉하기 시작했다. 1981년 4월 초 스님은 혜암 스님이 원당암으로 주석처를 옮기자 스승을 따라 원당암으로 갔다.

"출가 전에 왔던 원당암이 제 수행처가 되리라고는 생각도 못했습니다. 참 묘한 인연입니다. 나중에 알고 보니 큰스님께서 지리산 청매 토굴을 복원하려고 해인사를 떠나려 하시자 당시 방장이신 성철 큰스님께서 원당암에 머무르게 하셨던 것입니다."

평상에 나를 묶어라!

원당암에서 본격적으로 혜암 스님 시봉을 시작한 대오 스님은 해인 강원에 들어가 공부했다. 강원을 마치고 나서는 해인사 선원을 시작으로 선방에서 정진했다. 스승에게 받은 '무자화두無字話頭'를 들

1996년 하안거 용맹정진을 마치고 대중이 함께한 모습.
가운데 혜암 스님이 중심을 잡고 있고 맨 앞줄 오른쪽에서 두 번째가 대오 스님이다.

고 인천 용화사, 양산 통도사, 문경 봉암사, 김천 수도암, 현풍 도성
암, 장성 백양산 운문암 선원 등 전국 선원에서 25안거를 성만했다.

스님은 특히 1991년부터 1996년 하안거까지 혜암 스님을 모시며
선원에서 지객知客 소임을 보았다. 혜암 스님이 조계종 제10대 종정
에 추대됐을 때는 예경실장을 맡아 곁에서 보좌했다.

"큰스님께서는 해인총림 방장으로 계실 때 선원대중에게 모두
의무적으로 오후불식午後不食을 하도록 하셨습니다. 방부를 들일 때
오후불식에 동의하는 각서까지 받도록 하셨어요.

큰스님께서는 '밥을 많이 먹고는 절대로 참선 못 한다'고 하시며
밥을 적게 먹을 것을 강조하셨습니다. 밥 많이 먹는 납자를 제일 미
워하셨어요. 하하.

나중에는 못 참을 정도로 배가 고프면 우유 한 잔 정도는 먹도록
허용하셨습니다. 예전에 자운 큰스님께서도 비구계 수계산림 때에
오후불식하는 대중에게 우유 한 컵은 허락하셨던 전례가 있었습니
다. 대중도 처음에는 적응이 안 돼 힘들어했지만 해제를 할 때에는
오후불식 덕분에 너무 공부 잘했다며 다들 좋아하였습니다."

스님은 해인사 선원에서 정진하며 스승의 진면목을 여러 번 목격
했다. '진정한 수행자'라는 말로 밖에 설명이 안 되는 그런 일이 많
았다.

"큰스님께서는 예전부터 70세까지는 대중과 함께 정진해야겠다
는 말씀을 많이 하셨습니다. 그래서인지 선방에서 대중과 함께 정
진하시는 시간이 많았어요.

방장으로 계실 때에도 하안거와 동안거 일주일 철야 용맹정진에

고령에도 해인사 선원에서 대중과 함께 정진하는 혜암 스님.

는 꼭 참여하셨습니다. 70대 중반일 때라 기력이 많이 쇠하셨는데도 용맹정진에 참여하겠다고 하시며 선방에 평상을 하나 갖다 놓으라고 말씀하셔서 준비해 드렸습니다. 그런데 한번은 정진하시다가 평상에서 떨어지셨습니다.

시자인 저는 정말 가슴이 조마조마했어요. '이제는 용맹정진을 쉬시겠지' 하고 생각했는데 뜻밖에도 '끈을 가져와서 나를 평상에 묶어라'라고 하셔서 할 수 없이 평상에 팔을 묶어드렸습니다. 그렇게 해서 일주일 용맹정진을 마쳤던 분이 바로 혜암 큰스님입니다.

또 어느 때는 어깨와 허리가 불편하신데도 일주일 용맹정진만큼은 어김없이 선방에서 대중과 함께 정진하셨어요. 쉬는 시간마다 주물러드려도 나아지지 않으셨습니다. 나중에는 어깨와 허리가 완전히 뒤틀린 채로 대중과 함께 포행을 하셨어요. '내가 빠지면 선원 분위기가 나빠진다' 하시며 끝까지 대중과 함께 정진하셨습니다.

큰스님께서는 '공부하다 죽으면 수지맞는다. 좌복에서 죽는 수좌가 제일 복이 많은 수좌다. 공부하다 죽어라'라고 말씀하실 정도로 참선공부를 강조하셨습니다. '안으로는 정진하고 밖으로는 남을 도와야 한다. 인과가 역연한데 수좌들은 너무 이기적'이라는 말씀도 빼놓지 않으셨어요. 사람들은 큰스님께서 참선만 강조하신 것으로 알고 있지만 좌복 위에 있지 않을 때는 늘 호미를 들고 다니실 정도로 너무도 철저하게 사셨습니다."

수행에 철저했던 혜암 스님이 정진 외의 일을 할 때도 당당하고 원칙적이었을 것임을 짐작할 수 있는 대목이다.

"한번은 하안거 해제 전날 저녁에 선원에서 자자自恣를 했습니다. 큰스님께서 문제를 많이 일으킨 한 스님에게 세 철(3안거)을 다른 선방에서 공부하고 오면 방부를 받아주겠다고 하셨어요. 대중도 그 스님 때문에 힘들었던 터라 당연한 결정으로 받아들였습니다.

자자가 끝나고 그날 밤에 그 스님이 악의를 품고 칼을 들고 큰스님이 계시는 원당암 염화실 방 안으로 들어왔습니다. 큰스님께서는 그 스님을 보자마자 대뜸 '이놈아! 너는 칼이 없어도 나를 해칠 수 있는데 뭐하러 칼까지 가지고 왔냐'며 호통을 치셨습니다. 그 스님은 결국 큰스님의 강직하고 당당한 모습에 고개를 숙인 뒤 참회하고 선방을 떠났습니다."

1994년 조계종단 개혁과 1998년 분규 때에도 혜암 스님의 원칙주의적인 성품이 크게 빛을 발했다. 혜암 스님은 정도正道가 아니면 가지 않았기 때문에 종단개혁이 성공할 수 있었다.

대오 스님은 혜암 스님으로부터 직접 들은 다음과 같은 수행일화를 들려주었다.

"큰스님께서 통영 안정사 천제굴에서 성철 큰스님과 함께 수행하실 때 성철 큰스님은 공양주를, 큰스님은 반찬을 만드시는 일을 맡아서 엄동설한을 보내셨습니다. 추운 겨울임에도 불구하고 방 한가운데 구들장을 뜯어내고 성철 큰스님은 아랫목에서, 큰스님은 윗목에서 정진하셨다고 합니다.

또 어느 날 큰스님께서 팔공산 내원암을 올라가는 산모퉁이에서 금오 큰스님을 만났습니다. 금오 큰스님께서 대뜸 큰스님에게 말씀하기를, '혜암 수좌! 잘 만났다. 무無 자 화두에 대하여 한마디 일러 봐라' 하시니, 큰스님께서 '무無' 하고 대답하시자, 금오 큰스님께서도 즉시 '무無'라고 하셨습니다. 이에 큰스님께서는 오른쪽 주먹을 불끈 쥐고 앞으로 내미셨습니다. 이에 금오 큰스님께서 매우 흡족해하며 '잘했다'고 칭찬해 주셨다고 합니다.

그리고 인천 용화사 전강 큰스님 회상에서 큰스님께서 입승소임을 보실 때였습니다. 그 당시 전강 큰스님께서 대중법문을 하기 위해 법상에 올라 주장자를 세 번 내려치시니, 큰스님께서 '한 번만 치시면 되는데 뭐 하러 세 번씩이나 내려치십니까' 하시니, 전강 큰스님께서 '이것 봐라, 혜암이는 조실을 가르치러 다니네' 하시며 매우 좋아하셨다고 합니다.

또 한국전쟁 직후 큰스님께서 범어사 동산 큰스님 회상에서 하안거 결제를 하실 때의 일입니다. 당시 사중의 강사스님이 보제루에서 선어록을 강의하고 있었습니다. 선원에서 정진하고 있던 다른 대중스님들은 선어록 강의를 들으려고 정진시간에 좌복을 비웠는데, 큰스님만 큰방에 혼자 남아 정진하셨다고 합니다. 마침 동산 큰스님께서 선원대중을 경책해 주시기 위해 큰방에 오셨을 때 혼자 정진하고 있던 큰스님을 보시고 '혜암 수좌가 제일이다'라고 격려해 주시고 나가셨다고 합니다. 해제 날, 동산 큰스님께서 법상에 올라 말씀하시기를 '이번 결제 동안에 제대로 공부한 수좌는 혜암이 뿐이다' 하시며 큰스님에게만 안거증을 수여하셨다고 합니다."

출가 이후 스승의 열반 때까지 곁을 지켰던 대오 스님은 혜암 스님과의 다양한 일화를 전했다. 원칙주의자로 소문난 대오 스님의 면모 역시 혜암 스님의 그것과 닮아있었다.

인터뷰가 끝나고 대오 스님은 흥국사 주지소임을 내려놓고 동안거 정진에 들어갔다. 출가를 위해 찾았던 봉암사 선방에서 대중과 함께 정진했다. 큰일이 끝나면 다시 선방으로 돌아가던 스승의 모습 그대로다.

스님에게 혜암 큰스님은 어떤 존재인가요?

큰스님께서는 평생토록 두타고행으로 용맹정진하시고 밝은 지혜의 안목으로 교화중생하시다가 열반에 드셨습니다. 큰스님은 감히 흉내 내기도 어려운 철저한 수행자이셨습니다. 저는 큰스님이야말로 진정한 부처님 제자라고 생각합니다. 큰스님을 스승으로 가까이에서 모시고 수행할 수 있었던 것은 큰 행운이었습니다.

큰스님은 진정한 부처님 제자

제가 출가 이후 오늘날까지 줄곧 참선수행에 대하여 확고한 신념을 갖게 된 것은 큰스님의 철저한 가르침 덕분입니다.

큰스님께서 평생 걸으셨던 길을 생각하면서 더욱 부지런히 정진하겠습니다.

"누구도 훔쳐갈 수 없는 공부를
하게 해주신 스승"

_해인총림 방장 사서실장 능혜 스님

향香은 불교와 불가분의 관계다. 각종 의식에서 빠지지 않는 것이 향이고 또 불교의 깊이를 더해주기까지 한다. 절의 이미지를 떠올릴 때 향을 가장 먼저 꼽는 사람도 많다.

경북 성주군의 한적한 시골에 자리 잡은 '취운향당'에 들어서자 전에 경험하지 못했던 느낌의 향기가 온몸을 감싼다. 인공적이고 탁한 기운이 아닌 맑고 투명하고 깨끗한 향기가 스며들었다.

해인총림 방장 사서실장이자 향의 대가大家로 1993년부터 취운향당을 이끌고 있는 능혜 스님은 아침부터 바빴다. 평일임에도 향을 알고 싶어 찾아온 스님들과 재가자들이 꽤 많았다. 능혜 스님은 정성스럽게 탐방객의 궁금증을 풀어줬다.

법향을 전하며 수행하고 포교하다

상담이 끝나고 스님과 함께 작업장을 둘러봤다. 향이 만들어지는 과정에 대한 설명과 함께 향이 우리 시대에 갖는 의미에 대해 스님은 하나둘 보따리를 풀었다.

"향도의 시작이 불교에 있습니다. 그만큼 불교와 향은 떼려야 뗄 수 없는 관계입니다. 《연명경》에 '향은 생명을 길게 하고 촛(등)불은 복을 키운다'고 했습니다. 중국 선원에서는 '향사'라는 소임을 둘 정도로 향을 중요하게 생각했어요. 향을 통해 호흡을 가다듬었고 또 향을 통해 수행 환경을 조성했습니다. 옛 어른들은 향을 피우지 않고는 수행을 하지 말라고 당부하기도 했습니다.

향의 재료는 예부터 향약재香藥材라고 불렸어요. 먹을 수 있을 뿐만 아니라 피부에 독성이 생겼을 때 몸에 발라 이를 없애는 역할까지 했기 때문입니다. 전통 향에는 오장육부의 경락을 뚫어주는 오향이 들어갑니다. 폐 기능을 돕는 백단, 심장 기능을 돕는 정향, 신장 기능을 돕는 침향, 위장 기능을 돕는 유향, 간 기능을 돕는 목향 등 다섯 가지입니다. 이를 어느 정도로 조합하느냐가 관건이에요.

철저한 검증을 통해 좋은 향은 머리를 맑게 하고 몸에도 이로울 뿐만 아니라 먹어도 해롭지 않다는 것을 알았어요. 식도를 타고 내려가는 음식은 대부분 변으로 배출될 수 있지만, 코로 흡수된 성분은 대뇌피질에 전달돼 곧장 뇌에 이르러 건강을 해칠 수가 있기 때문에 100% 천연 재료로 향을 만들어야 합니다."

향에 대한 스님의 확신은 확고했다. 스님의 설명은 계속됐다. 말씀을 들으며 궁금해졌다. 스님과 향의 인연은 어떻게 만들어졌을까?

직접 만든 향에 대해 설명하고 있는 능혜 스님.

"1985년 안동 봉정사 지조암에서 정진할 때 한 선배스님이 향을 만드는 방법, 즉 향방을 전해주었습니다. 어떤 스님이 금강산 마하연의 한 스님에게 물려받은 비법을 선배스님에게 일러준 것이라고 했습니다. 매우 우연한 인연으로 우리 전통사찰에서 내려온 조향비법을 전해받은 것입니다. 전통향방을 전수받은 그때부터 본격적인 향 공부를 시작해 우리 시대에 필요한 향을 만들기 시작했습니다."

스님은 제방에서 정진하며《방약합편》《동의보감》《본초강목》 등의 책을 탐독하고 향과 관련된 약재의 효능을 익혔다. 시행착오를 거쳐 50여 가지 천연 향약재를 조합해 자루향 10종류, 탑향 2종류, 가루향 5종류를 만들어냈다.

"저의 은사이신 혜암 큰스님께서는 늘 말씀하셨어요. '세상살이는 수행에 비해 쉬운 일이다. 눈에 보이고 만져지는 일이기 때문이다. 하지만 우리 안에 부처가 있다고 믿는 수행은 어렵다. 보이지 않는 대상을 믿어야 하기 때문이다.' 늘 그 가르침을 잊지 않고 지냈습니다. 부처를 찾기 위해 용맹정진하는 수행자가 세상일을 힘겨워하면 안 된다 생각했습니다."

우여곡절 끝에 스님이 만든 향은 전국의 불자는 물론 일반 시민들도 즐겨 찾는 제품이 되었다. 취운향당이 안정적으로 운영되면서 스님은 '수미장학회'를 만들어 매년 20명이 넘는 학생들에게 적지 않은 장학금을 전하고 있다. 능혜 스님은 "부처님 가르침대로 우리 사회에 회향하는 것일 뿐"이라며 웃었다.

혜암 스님의 격려 덕분에 현재에 이르렀다는 능혜 스님에게 스승을 묻기 시작했다. 능혜 스님이 혜암 스님을 만난 것은 간절한 기도 덕분이었다.

선지식을 만나게 해달라는 간절한 기도

"어려서부터 불교에 관심이 많았던 저는 고등학생이 되어 불교 책에 빠져들었습니다. 고2 때까지 아마 200권이 넘는 책을 봤던 것 같습니다. 원효 스님의 《대승보살도》와 청담 스님의 《금강경대강좌》 등이 기억납니다. 책을 읽다 보니 '이렇게 시간을 허비할 것이 아니라 빨리 조사가풍으로 들어가야겠다'는 생각뿐이었습니다. 그래서 1980년 5월에 해인사로 갔습니다. 해인사에서 만난 스님께서 '학생은 안 된다. 고등학교 졸업하고 오라'고 합니다. 결국 행자실 문 앞에서 다시 돌아왔습니다.

그 후에도 계속 불교 공부를 하다가 고3 겨울방학이 시작되자마자 출가했습니다. 1981년 12월 26일입니다. 이발소에 가서 삭발을 하고 회색 옷을 입고 갔습니다. 학인스님들은 제가 스님인 줄 알고 저에게 다가와 합장인사를 하고 갔습니다. 나중에 행자실에 있는 저를 보고 깜짝 놀라더군요. 하하. 입산해 보니 30명이 넘는 행자가 있었습니다. 매일 한두 명씩 들어오는 것은 기본이었고 많을 때는 하루 5명씩 들어왔습니다."

'준비된 행자'였던 스님은 즐겁게 행자생활을 이어나갔다. 시간이 되어 계를 받을 시간이 되었지만, 스님은 은사를 모시지 못했다. 행자생활 초기부터 해온 절을 더 열심히 했다. 보장전에서 '훌륭한 선지식을 스승으로 모실 수 있게 해 달라'는 원願을 담아 매일 500배의 절을 올렸다. 그러던 중 우연히 선방스님들로부터 '정진제일 혜암 스님'에 대한 이야기를 듣게 됐다. 그래서 곧바로 원당암으로 갔다. 하지만 혜암 스님은 지리산 영원사에서 정진 중이었다.

스님은 사중의 허락을 구하고 지리산 영원사로 향했다.

"새벽에 길을 나섰는데도 영원사에 도착하니 낮 12시가 다 됐습니다. 사형 정견 스님이 군에서 막 제대하고 큰스님을 모시고 계셨어요. 정견 스님이 '공양부터 하라'고 하셔서 공양을 하고 큰스님께 인사를 드렸습니다.

'왜 중이 되려고 하느냐?' 하고 큰스님께서 제게 물으셨습니다. 지금 생각하면 어떤 말이든 하면 되는데, 그때는 어떤 말을 해도 진정한 대답이 될 수 없다는 생각이 들었습니다. 제가 대답을 못하니 큰스님의 긴 법문이 시작됐습니다. 무려 7시간 넘게 꿇어앉아 있었습니다. 법문이 끝나고 큰스님께서 '미련한 놈'이라고 하시며 방으로 들어가시더군요. 방에서 신도님들과 말씀을 나누시면서 '옛 조사들은 미련한 놈 한 명을 공부시켜 제대로 된 중으로 만드는 것을 큰 보람으로 생각했다'는 말씀을 하셔서 조금 마음이 놓였습니다. 다음 날 아침 다시 인사를 드리니 해인사 원당암으로 가 원주스님한테 가사와 발우를 받으라고 하셨습니다. 그러면서 저에게 '能慧능혜'라는 법명을 내리셨습니다. 육조혜능 스님의 법명을 순서만 바꾼 것이어서 큰 부담을 느끼며 법명을 받았습니다. 하하."

1982년 10월 부산 범어사에서 계를 받은 스님은 다시 영원사로 향했다. 은사 혜암 스님을 모시고 싶었기 때문이다.

"계는 잘 받았느냐?" "예." "그런데 왜 다시 왔느냐?" "큰스님 모시고 살려고 왔습니다." "여기서는 살기 어렵다. 돌아가거라." "그래도 모시겠습니다. 난행고행하겠습니다." "여기서는 한 끼만 먹고

혜암 스님과 함께한 모습. 왼쪽에서 두 번째가 능혜 스님.

누구도 훔쳐갈 수 없는 공부를 하게 해주신 스승

장좌불와 해야 한다." "하겠습니다." "잘 할 수 있느냐?" "반드시 하겠습니다."

그렇게 스님은 혜암 스님을 모시고 정진하기 시작했다. 두 스님은 영원사에서 청매 토굴로 바로 이동했다. 1982년 동안거 때다.

"손이 보일 때 일을 시작해서 손이 안 보이면 일을 끝내는 일과였습니다. 해가 뜰 때부터 해가 질 때까지 계속 일을 했다는 말입니다. 하하.

장작 패기, 나무 베기, 길 만들기, 풀 깎기는 기본이었고 눈에 보이는 일들은 모조리 했습니다. 그렇게 일을 하고 밤에 정진을 하는데 졸려서 참을 수가 없어요. 그러면 그때부터 큰스님께서 법문을 해주십니다. 하루 4시간 법문은 기본입니다. 그렇게 보낸 5개월은 저에게는 정말 소중했던 시간입니다. 나중에 큰스님 80세 생신이 된 날 사형 여연 스님께서 '그동안 계셨던 곳 중 어디가 가장 기억에 남으십니까?'라고 여쭌 적이 있습니다. 그때 큰스님께서는 '능혜랑 청매 토굴 살 때가 제일 좋았지!'라고 말씀하셨습니다. 큰스님께서 해인사에 들르실 때면 '청매 토굴에 있는 내 상좌가 공부도 열심히 하고 일도 잘한다'고 자랑 아닌 자랑을 하셨다고 합니다. 하하."

1983년 하안거까지 청매 토굴에서 정진한 스님은 해인사로 돌아와 혜암 스님을 모셨다. 사미沙彌는 퇴설당 방부가 불허됐지만 혜암 스님 시자로 대중과 같이 정진했다.

"제가 무언가 여쭈면 항상 대중법문 자리에서 답변을 주셨습니다. '보림은 무엇입니까?' '화두는 무엇입니까' 등을 여쭈면 자상하게 법문으로 말씀을 해주셨던 기억이 납니다."

그 후에도 스님은 제방에서 정진을 계속했다. 스님은 1985년 고금당 선원에서 대중과 함께 1년 용맹정진을 하기도 했다.

수행자의 자세

능혜 스님은 정진에 힘을 쓰면서 취운향당을 설립했다. 앞서 설명한 것처럼 좋은 향을 보급하기 위한 과정은 쉽지 않았다. 스님은 그래도 결제가 시작되면 어김없이 선원에 방부를 들였다. 스님은 선방에서건 취운향당에서건 일을 찾아서 했다. 청매 토굴에 있을 때부터 그랬다.

"봄이 되면 지리산에 산죽이 올라옵니다. 청매 토굴도 마찬가지였습니다. 산죽이 보일 때마다 파냈습니다. 그래도 비가 오면 또 나

방장에 추대된 혜암 스님을 모시고 자리를 같이한 스님들. 맨 뒷줄 중앙이 능혜 스님.

누구도 훔쳐갈 수 없는 공부를 하게 해주신 스승

옵니다. 분심憤心이 생겼습니다. 큰스님께서 잠시 해인사에 가신 사이 100평 되는 청매 토굴 마당을 다 뒤집어서 산죽 줄기를 모조리 걷어냈습니다. 그 후로는 산죽이 올라오지 않았습니다. 하루는 큰스님께서 '요새 산죽이 안 보인다'고 하십니다. 그래서 제가 자세히 설명을 드렸더니, 그 후로 큰스님께서는 저에게 구체적으로 무슨 일을 하라는 말씀을 안 하셨습니다. 하하."

능혜 스님은 혜암 스님이 생전 강조한 수행자의 자세에 대한 이야기도 덧붙였다.

'우리에게는 공부밖에 없다. 제대로 공부를 해놓으면 도둑맞을 일이 없다. 훔쳐갈 수 없는 것이 이 공부다. 공부인은 공부에만 집중해야 한다. 공부를 성취하면 부처님 은혜 갚는 것이다. 스승의 은혜, 부모님 은혜, 시주의 은혜를 다 갚는 것이다.'

'몸은 똥자루다. 일생 똥자루를 위해 배불리 먹을 필요는 없다. 고프면 간절하다. 그래야 공부 생각이 사무친다. 공부하다 죽어야 하지 않겠느냐? 용맹정진해라.'

'수행자 똥은 염소 똥 같아야 한다. 나올 것이 없을 정도로 먹어야 한다. 똥만 보면 수행자인지 아닌지 알 수 있다. 잠에도 마음이 뺏겨서는 안 된다. 나태해지면 잠귀신만 좋아한다.'

스님은 혜암 스님의 자비로운 모습도 함께 전했다. 주변의 아프고 생활이 어려운 스님과 신도들에게는 가지고 있는 모든 것을 내주었다고 한다.

"공부에는 엄격하셨지만 사람들에게는 너무나 자비로우셨습니다. 예전부터 이런 큰스님의 모습을 닮아가려 하는데 잘 하고 있는 것인지 모르겠습니다.”

스님은 불의에 맞서 싸웠던 혜암 스님 일화도 귀띔했다.

“한국전쟁이 끝나고 큰스님께서 범어사에 계실 때 군인들이 금정산 소나무를 몰래 베어다가 밖에 내다 팔고 그랬나 봅니다. 어린 사미스님들이 산을 지키다 군인들한테 혼나고 얻어맞는 일이 많았어요.

이를 알게 된 동산 노스님께서 사중이 나서서 일을 해결하라고 말씀을 하셨는데도 묵묵부답이었다고 합니다. 그래서 결국에는 혜암 큰스님께서 군인들을 호통쳐 혼내고 관련 부대까지 찾아가 벌목을 못하게 하셨습니다. 큰스님의 당당함은 언제 어디서나 멋이 있었습니다. 하하.”

능혜 스님의 혜암 스님 찬탄은 끝이 없었다. 긴 인터뷰가 끝나고

혜암 스님 부도 앞에 선 능혜 스님(맨 오른쪽)과 문도스님들.

누구도 훔쳐갈 수 없는 공부를 하게 해주신 스승

자리를 정리하는 중 스님 방 한편에 적힌 '향십덕香十德'이 눈에 들어왔다. 혜암 스님을 인연으로 만난 능혜 스님과의 인터뷰 자체가 '향십덕'과 다르지 않았다.

스님에게 혜암 큰스님은 어떤 존재인가요?

평생 공부에 머물며 공부의 맛을 알게 해주신 스승님이십니다. 아까도 말씀 드렸듯이 그 누구도 훔쳐갈 수 없는 공부를 하게 해주셨어요.

지금도 어디를 가면 항상 자세부터 바르게 하려 합니다. 큰스님께서 "귀신도 벌벌 떨게 할 정도로 몸과 마음을 바르게 하라"고 하셨기에 그 말씀을 항상 따르려 합니다.

큰스님의 가르침을 실천하고자 70살까지는 대중선방에서 정진하려 합니다. 물론 건강이 허락한다면 더 다닐 것입니다. 평생 공부와 정진을 당부하셨던 큰스님의 말씀이 아직도 귓전을 맴도는 것 같습니다.

"휴식의 시간과 공간이 없었던
위대한 수행자"

_조계종 총무원 사회부장 진각 스님

2018 평창 동계올림픽 전야는 결코 평화롭지 않았다. 북한의 전격적 참가 결정과 여자 아이스하키 남북단일팀 구성이라는 적지 않은 성과로 시작했지만 나라 안팎의 변수들이 연이어 발생했다.

정부는 물론 민간 차원에서도 성공적 올림픽 개최를 염원하는 행사가 계속됐다. 조계종에서도 총무원장 설정 스님이 충북 진천의 선수촌을 방문해 선수들을 격려하는 등 응원의 분위기를 이어갔다. 개막식이 진행된 2월 9일 저녁 8시 전국 모든 사찰에서는 올림픽의 성공을 기원하는 33번의 타종행사가 열렸다. 조계종을 비롯한 모든 국민의 염원대로 올림픽은 역대 최고의 대회로 막을 내렸다.

약자의 손을 잡아주는 불교
조계종 총무원 사회부장 진각 스님은 현장에서 불교의 사회적 회향을 진두지휘하고 있었다. 올림픽처럼 좋은 일이 있을 때도 국민들과 함께했지만, 화재 참사나 지진 같은 재난 현장에서도 시민들의 손을 잡아주고 마음을 보듬었다. 스님의 바쁜 일정의 틈을 파고들었다.

"신심 나는 불교, 존경받는 불교를 위해서 뛰어다니고 있습니다. 부처님께서 그러셨듯이 불교, 나아가 종교의 역할은 어렵고 약한 사람들의 손을 잡아주는 것입니다.

최근의 일 중 가장 기억에 남는 것은 KTX 해고승무원 환수금 문제 해결입니다. 우리 조계종을 비롯한 종교계의 중재로 KTX 해고승무원은 원금의 5%인 총 1억 4,256만 원(1인당 432만 원)을 3월 말까지 코레일에 지급하고, 코레일은 나머지 청구를 포기하는 내용의 안을 만들어서 노사 양쪽에 제시했습니다. 재판부는 이를 인용해 코레일은 KTX 해고승무원을 상대로 대전지법에 제기한 손해배상 청구를 포기하고, KTX 해고승무원은 애초 계획했던 국제노동기구ILO를 비롯한 유엔 산하 국제기구와 유럽의회 등에 제소하지 않기로 했습니다.

곡절이 있었지만 대화로 문제를 원만하게 풀었던 좋은 사례라고 생각합니다. 어려운 이웃들을 위한 종단 차원의 지원은 계속될 것입니다."

남북 교류나 밀양 화재 참사 등의 사안에서도 핵심을 꿰뚫어 설명했다. 앞으로도 종단의 역할이 명쾌해질 수 있음을 짐작할 수 있었다.

앞선 2017년 가을, 스님은 주지소임을 맡았던 합천 연호사의 불

사를 원만하게 회향하기도 했다. 법보종찰이자 우리 역사의 자랑인 해인총림보다도 150년 앞서 창건된 연유로 합천 사람들은 연호사를 '해인사의 큰집'이라고도 부른다.

"천년 고찰 연호사는 낙동강으로 흘러가는 황강가에 위치한 전통사찰입니다. 제가 2006년 정초기도를 마치고 연호사 주지로 부임한 뒤 12년 만에 삼성각, 종각, 일주문, 수심당과 감로당 등의 전각과 도량 정비 불사를 원만하게 회향했습니다. 이때 창건 이래 지금까지의 연혁, 법당과 전각, 불보살과 성상 등 각종 성보, 공덕비, 역대 주지, 역대 불사, 중요 재산목록 등 연호사의 어제와 오늘을 역사학·문헌학적으로 고증한 《연호사지烟湖寺誌》도 함께 발간했습니다."

진각 스님은 기존 기도 중심의 운영을 넘어서는, 소통 공간으로 자리매김할 수 있는 지역사찰의 역할을 강조하기도 했다. 출가 이후 해인사 승가대학과 율원에서 공부하고 해인사 사회국장, 월간 《해인》 편집장, 조계종 포교원 포교국장, 조계종 교육원 교육부장 등을 역임하며 현장의 포교 경험과 중앙의 행정 역량이 결합된 스님의 혜안은 앞으로도 계속 펼쳐질 것으로 보인다.

그러고 보니 스님의 안목은 스승 혜암 스님의 그것과 닮아있었다. 불교의 미래를 내다보고 수행하고 포교했던 혜암 스님 말이다. 진각 스님에게 혜암 스님과의 인연 이야기를 청했다.

모친의 추천으로 만난 혜암 스님

"큰스님과의 인연은 속가 모친 덕분에 시작되었습니다. 모친께서는 전남 구례에서 신심 있기로 소문난 보살님이셨습니다. 전국의 사찰과 선지식들을 찾아다니시면서 정진하셨습니다. 1975년경 고산 큰스님께서 주지로 오신 뒤에는 쌍계사에서 열심히 기도하셨어요. 그즈음 혜암 큰스님께서도 칠불암에서 정진을 하셨습니다. '정진제일'이라고 알려졌던 혜암 큰스님께서 칠불암에 오시자 사람들이 많이 찾아갔어요. 그때 모친께서도 혜암 큰스님을 친견하셨습니다.

칠불암에서 한 철 정진하셨던 큰스님께서 지리산 영원사로 가시자 모친께서도 그리 다니셨습니다. 여름에는 수박을 머리에 이고 영원사에 가시곤 했던 기억이 납니다. 그 후로도 모친께서는 큰스님 수행처를 따라다니셨습니다.

큰스님 영향 덕분인지 모친께서는 저에게 계속 출가를 권했습니다. 결국 1986년 봄에 모친을 모시고 여동생과 함께 해인사 원당암에 가서 큰스님을 뵈었습니다. 그때 저는 사회생활을 하고 있어서 나름 예를 갖춘다고 양복을 차려입고 갔습니다. 하하."

처음 만난 혜암 스님은 "범상치 않은 기운이 느껴지는, 그러나 편안한 느낌의 할아버지" 같았다. "그전에 가끔 뵈었던 스님들과는 확실히 다른 느낌이었다"고 한다. 혜암 스님의 말씀이 이어졌다.

"이 세상 살면서 온갖 부귀영화를 다 누려도 결국에는 다 죽는다. 그렇게 산 사람들은 이승 저승 구분 못하고 죽어 정처 없이 떠돌아다녀. 수행자들은 공부를 잘 하면 식識이 맑아 이승 저승 어디를 가도 잘 살게 돼있어. 출가해 이 공부하는 것이 수지맞는 일이다."

혜암 스님의 짧은 말씀 한마디에 스님은 전율을 느꼈다. '수행자'라는 단어가 눈과 귀에 들어왔다. 스님은 그 자리에서 "바깥일을 정리하고 오겠습니다"라고 말씀을 올렸다.

"큰스님께서는 절에 올 때는 아무것도 필요 없으니 집에 다시 안 보내도 되는 옷을 입고 고무신 사서 신고 오라고 하셨습니다. 나중에 알게 된 것인데 사형스님들은 제가 안 온다고 했나 봐요. 출가하려면 바로 해야지, 나갔다 온다는 것은 말이 안 된다고 했답니다. 하하."

그렇게 스님은 1986년 4월 18일 해인사 원당암으로 출가했다. 3일 정도 머문 뒤 스님은 해인사 행자실에 입방했다.

"큰스님께서는 저에게 '거기 있는 행자들이나 스님들의 이러쿵저러쿵하는 얘기는 들을 것 없다. 오직 수행자가 되기 위해 왔다는 생각만 하고 생활하라'고 당부하셨습니다. 그때 해인사에는 1년에

혜암 스님을 모시고 문도스님들과 함께한 진각 스님(뒷줄 왼쪽).

400명 이상의 출가자가 왔어요. 1시간 차이로 상 행자, 하 행자로 나눌 정도였습니다. 무척 힘들었지만 행자실에서 배우는 과정은 하나하나 다 이유가 있는 것들이었습니다."

행자생활을 마치고 스님은 1986년 9월 부산 범어사에서 사미계를 받았다. 처음부터 혜암 스님을 은사로 모셨기 때문에 계를 받는 과정은 순탄했다. 그러나 함께했던 행자도반 중 5명이 혜암 스님을 은사로 모시려고 했다. 행자실에서도 혜암 스님이 이미 도인으로 소문이 나있었기 때문이다. 해인사 규정에 의해 결국 성각 스님과 정인 스님만 혜암 스님을 은사로 모실 수 있었다.

계를 받고 스님은 해인사 강원에 입학했다. 강원에서도 잊지 못

휴식의 시간과 공간이 없었던 위대한 수행자

1986년 9월 부산 범어사에서 사미계를 받고 혜암 스님과 함께한 모습.
첫줄 오른쪽에서 두 번째가 진각 스님.

할 일이 많았다.

"당시 해인사 어른스님들은 강원에서 경전공부하는 것보다는 선원에서 참선공부하는 것을 더 좋아하셨습니다. 강원에서 이력을 마치는 과정도 결국은 선방에 가서 좌선을 하기 위한 방편 정도로 여기는 성향이 강했어요. 큰스님께서도 전에는 강원이라는 말을 꺼내지도 못하게 하셨는데, 언제부턴가 상좌들에게 강원에 가서 부처님 말씀을 공부한 후에 선원에서 화두참구할 것을 권하셨습니다. 그래서 저도 강원에 가게 되었습니다. 사실 지게도 원당암에 와서 처음 겨볼 만큼 일에는 맹탕인 제가 두타납자를 자처하는 큰스님을 일로써 만족시킨다는 것은 조사스님 말씀처럼 기와를 갈아서 거울을 만드는 행위와 다를 바가 없었기 때문에 강원에 가고 싶었던 생각도 컸습니다. 하하.

해인사 전체 대중은 동안거와 하안거 결제 동안에 일주일씩 철야 용맹정진을 합니다. 결제 동안에는 어른스님들의 법문이 보름마다 설해집니다. 강원의 학인들도 최소한의 소임자만 빼고는 모든 대중이 함께 참여해야 합니다. 당시에는 큰스님께서 주로 상당법문을 하셨는데, 일주일 철야 용맹정진은 초하룻날 새벽에 시작되니 그믐날은 큰스님의 법문이 있는 날이였어요. 저는 그날 법문에 참석하지 못했어요. 그런데 큰스님께서 법상에 오르자마자 '내 상좌가 강원에 있는데, 이제나 선원에 용맹정진하러 올까, 저제나 올려나 했는데 강원 졸업이 다 돼가는 이번에도 용맹정진 참여자 명단 이름에 없다'고 공표를 해버리셨습니다.

그 법문 후 인사를 잘 받아주시던 어른스님들이나 산중 비구니스님들의 표정이 차갑게 느껴졌어요. 평생을 용맹정진으로 일관한 큰스님께서는 저를 이대로 뒀다가는 중노릇도 제대로 못하겠다는 생각을 하셨나 봅니다. 하하.”

생각만 해도 마음이 푸근해지는 어른

앞서 전한 것처럼 진각 스님은 강원을 졸업하고 다양한 소임을 맡으며 포교에 진력해 왔다. 스님이 진행하는 포교 불사에는 항상 스승 혜암 스님의 가르침이 자리 잡고 있다.

"솔직히 저는 참선공부보다 책을 보는 것을 더 좋아했습니다. 강원에서도 그렇고《해인》편집장을 맡았을 때도 그랬습니다. 그래도 제 마음속에는 큰스님의 가르침과 당부가 자리하고 있습니다.

제가 처음 원당암에 갔을 때만 해도 세수할 곳이 따로 없을 정도로 열악했습니다. 도량 한쪽 외진 곳에 천막을 치고 그 안에 가마솥을 걸고 장작으로 불을 때야 따뜻한 물을 쓸 수 있었어요. 공양주도 없는 암자 살림살이는 여유롭지도 못하니 그저 큰스님이 시키는 대로 새벽별 보면서 일어나 하루 종일 일을 하고 밤 11시가 넘어야 잠자리에 겨우 들 수 있었습니다. 그래도 그 시절이 바탕이 되었기 때문에 지금의 제가 있는 것 같습니다."

진각 스님은 혜암 스님에 대해 "휴식의 시간과 공간을 두지 않았던 위대한 수행자"라고 강조했다.

"큰스님께 결코 휴식이라는 것은 없었습니다. 오직 정진과 일, 일과 정진이었습니다. 젊으셨을 때도 그랬고 말년에도 그랬습니다. 원당암 철야 용맹정진이 끝나면 제일 먼저 호미를 들고 밭으로 가는 사람이 큰스님이셨어요.

그래도 큰스님을 시봉하면서 수행 생활의 기본을 많이 배웠어요. 큰스님께서 못하는 것이 없으시니 모시고 있기만 해도 거의 모든 것을 배우게 됩니다. 바느질부터 집 짓는 것까지 말입니다. 빨래

하나를 널어도 어떻게 해야 하는지, 양말을 어떻게 신고 어떻게 정리하는지는 물론입니다. 불자님들의 정성이 담긴 불전함을 정리하는 방법도 배웠어요. 큰스님께서는 천 원짜리 한 장도 허투루 다루지 않았어요. 한 치의 오차도 없이 가지런히 정리를 해서 반드시 은행에 입금을 하게 했습니다. 마치 부처님께 시줏돈이 전달되는 것처럼 말입니다. 은행에 넣었다가 다시 출금해서 쓰도록 제자들에게 말씀하셨습니다.

큰스님의 두타행은 말로 설명하지 못할 정도입니다. 지리산은 물론이고 전국의 많은 토굴에서 쉼 없는 정진을 하셨습니다. 추위와 더위에 아랑곳하지 않고 비만 가려주는 지붕이 있으면 그곳을 도량 삼아 정진하셨습니다.

잠을 이기기 위해 안 해보신 일이 없다고 합니다. 설악산 오세암에서는 서서 대변을 보셨어요. 또 목에 줄을 감아놓고 화두를 참구하셨어요. 졸면 바로 목이 조이기 때문에 그렇게라도 해야 한다고 하셨어요.

가야산 중봉암에 계실 때는 일부러 밤에 시장에 나가셨습니다. 깜깜한 밤중에 지게를 지고 가야산을 다니셨어요. 그렇게 해서라도 잠을 물리치려고 하셨던 것입니다

진각 스님은 혜암 스님의 유일한 집착을 폭로하기도 했다.

"큰스님의 유일한 집착이 바로 공부와 깨달음입니다. 너무 애착이 강하셨어요. 그랬기 때문에 큰스님께서는 결국 도를 이루셨다고 생각합니다."

진각 스님에게 듣는 혜암 스님의 정진 일화는 끝이 없었다. 혜암

혜암 스님을 모시고 대중스님들과 함께한 모습. 맨 왼쪽이 진각 스님.

스님의 行행을 보고 수많은 사람이 발심했을 것임을 쉽게 짐작할 수 있었다.

스님에게 혜암 큰스님은 어떤 존재인가요?

큰스님의 수행력은 석가모니 부처님 못지않았습니다. 늘 '공부하다 죽어라'라는 말씀으로 후학들을 가르치셨습니다. 도를 이루시고도 수행과 전법傳法을 멈추지 않았습니다.

봉암사 결사부터 1994년 개혁불사, 1998년 분규 해결 등 종단 역사의 현장에서도 항상 중심을 잡았던 분이 바로 혜암 큰스님이십니다.

이런 큰스님을 스승으로 모신 저는 정말 행복한 수행자입니다. 혜암 큰스님 생각만 해도 제 모든 것이 편해집니다. 큰스님 덕화로 지금까지 큰 어려움이 없이 살고 있습니다. 큰스님께 누가 되지 않도록 앞으로도 최선을 다해 정진하겠습니다.

"모든 것을 닮고 싶었던
스승"

_보성 봉갑사 주지 각안 스님

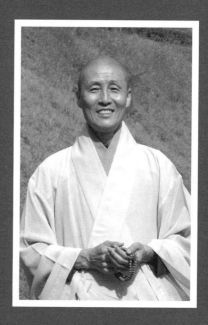

선타바仙陀婆. 스승의 마음을 잘 살펴 시봉하는 스님을 가리키는 말이다. 스승이 세수를 하려고 하면 세숫물을, 공양 때에는 소금을, 식사를 마치고 물을 마시려 할 때는 물그릇을, 외출하려고 하면 말을 가져왔다고 한다.

불교사에서 꼽을 수 있는 대표적인 선타바는 역시 부처님을 평생 시봉한 아난 존자다. 부처님의 일거수일투족은 물론 마음까지 놓치지 않은 아난은 시봉侍奉을 상징하는 인물이다.

그렇다면 혜암 스님의 선타바는 누구일까? 여러 사람을 취재해 보니 답은 쉽게 나왔다. 보성 봉갑사 주지이자 순천 송광사 포교국장을 맡고 있는 각안 스님이 바로 혜암 스님의 선타바였다. 각안 스님은 혜암 스님의 그림자였다.

적멸보궁에서 바라본 봉갑사 불사 현장.

호남삼갑 봉갑사

이른 새벽 서울을 출발해 보성으로 갔다. 버스를 몇 번 갈아타고 나
서야 도착한 봉갑사는 불사가 한창이었다. 절의 맨 위쪽에 자리한
산신각과 적멸보궁, 사방전, 조사전은 온전한 모습을 드러냈지만
대적광전과 극락보전은 이제 기둥을 올리면서 집의 형태를 살짝 드
러낸 정도. 다소 더뎠지만 불사는 빈틈없이 진행되고 있었다.

송광사에서 템플스테이를 진행하고 와 봉갑사 불사 현장을 누비
던 작업복 차림의 각안 스님이 내려왔다. 검게 그을린 모습에서 불
사가 만만치 않음을 직감한다.

10년이 넘는 시간 동안 현장에서 포교에 나서고 있었지만 각안
스님은 사판事判보다 이판理判 느낌이었다. 깡마른 몸에 맑은 눈빛,
정성 가득한 말씀 한마디 한마디에 그 기운이 스며있었다.

모든 것을 닮고 싶었던 스승

차를 내리던 스님이 봉갑사 역사로 말문을 열었다.

"천봉산天鳳山 봉갑사鳳岬寺는 지금으로부터 약 1,600년 전 인도스님 아도 화상이 창건한 백제의 고찰입니다. 영광의 불갑사, 보성의 봉갑사, 영암의 도갑사 순으로 창건된 호남삼갑湖南三甲은 백두산에서 발원하여 지리산으로 흘러내려온 우리 백두대간의 혈맥이 진도를 거쳐 제주도로 이어지게 하는 삼각 축에 위치함으로써 그 지정학적 중요성이 매우 큰 곳입니다.

현재 남북통일과 국태민안을 발원하고 국운융창과 세계일화를 지향하는 만년정불萬年正佛 시원대불사始源大佛事의 대업이 진행 중인 봉갑사는 전통과 현대, 생활과 수행이 함께 어우러지는 새로운 불교문화를 만들어가려 합니다.

매년 6월 1일에 봉행하는 영산대재와 여름 7주야 7여래 사분정

용성, 인곡, 혜암 스님을 모신 봉갑사 조사전을 참배하고 있는 각안 스님.

근 용맹기도를 봉행하며 매월 둘째, 넷째 토요일, 일요일에는 철야 용맹정진을 하고 있습니다."

불사가 쉽지 않을 것 같다는 질문에 스님은 "부처님 순리대로 진행되고 있다"며 웃는다.

"여기 계시는 도륜 큰스님께서 폐사된 봉갑사 터에 천봉사를 창건하셨습니다. 큰스님의 불사를 이어받아 천봉사를 원래의 이름 봉갑사로 바꾸고 일을 하고 있습니다.

혜암 큰스님께서 열반하신 뒤 원당암 소임을 마무리하고 2004년부터 송광사 포교국장을 맡으면서 봉갑사 불사를 시작했습니다. 주머니를 털어 작은 포클레인 2대를 사서 저를 포함 7명의 대중이 수작업으로 일을 하고 있습니다. 그러다 보니 불사 속도가 다소 느리지만 머지않아 호남에도 혜암 큰스님의 법을 전하는 도량이 온전하게 모습을 드러낼 것이라 기대하고 있어요. 하하."

스님의 말씀을 듣고 보니 자연과 조화를 이루며 진행되는 봉갑사의 불사가 원당암의 그것과 흡사하다는 느낌이다. 조사전에 모신 용성, 인곡, 혜암 스님의 진영에 참배하니 더 그런 생각이 들었다.

봉갑사에서 만들어가는 혜암 스님 도량 이야기에 이어 본격적으로 선타바의 삶을 듣기 시작했다.

해인사 펠레에서 5분 대기조로

"여기서 모시고 있는 도륜 큰스님이 사실 저의 속가 아버지입니다. 현대 한국불교의 선지식 중 한 분인 청화 큰스님과 오랫동안 수행을 해오셨습니다.

저는 중학교에 들어갈 때까지도 도륜 큰스님의 존재를 몰랐습니다. 중학생이 되어서야 아주 가끔 집에 오시던 스님이 아버지였다는 것을 알았어요. 큰스님을 보며 저도 자연스럽게 출가를 꿈꾸기 시작했습니다. 큰스님께서 강진 무위사 주지를 하실 때 거기서 고등학교를 다녔어요. 그때 사실상의 행자로 염불이나 의례를 다 배웠습니다.

제대하고 나서 광주에서 포교당을 하시던 큰스님을 2년 정도 시봉하고 출가했습니다. 포교당에 자주 오시던 한 거사님께서는 처음에 불국사 월산 큰스님을 스승으로 추천해 주셨는데, 도륜 큰스님과 가깝던 한 스님은 해병대보다 군기가 센 행자실이 있는 해인사로 가라고 하셨습니다. 해인사에 가면 도인이 있다고 하셨어요.

말씀을 듣고 나서 그 도인에 호기심이 생겨 광주에서 버스를 타고 해인사로 갔습니다. 해인사로 올라가 당시 부방장 소임을 맡고 계시던 혜암 큰스님께 인사를 드렸습니다. 그 도인이 바로 큰스님이셨어요."

혜암 스님은 파르라니 깎은 머리로 당신의 양말을 꿰매고 있었다. 눈에서는 빛이 쏟아졌다. 각안 스님이 절을 올리고 "큰스님을 스승으로 모시고 출가하고 싶다"고 하자 "인연이라는 것은 지나봐야 알지!"라는 답이 돌아왔다. "행자생활 열심히 해라. 다만 내 인연이라는 말은 절대 하지 말라"는 당부도 이어졌다.

각안 스님은 그렇게 1986년 6월 6일 정식으로 출가했다. 30여 명가까운 행자 중에서도 스님은 단연 발군이었다. 행자 예습을 하고 온 것도 한몫했지만 대중의 마음을 읽는 능력도 출중했기 때문에

혜암 스님과 각안 스님.

모든 것을 닮고 싶었던 스승

어른들의 눈에 띄기 시작했다.

운동도 잘했던 스님은 강원, 선원스님들과의 축구 경기에도 나서 맘껏 기량을 펼쳤다. "행자실에 펠레가 나타났다"는 말이 돌 정도. 이렇게 되자 스승을 찾아 맺어주겠다는 스님들이 나타나기 시작했다. 스님은 결국 주변 대중에게 "부방장스님 인연이 있다"고 실토하고 말았다. 스님의 고백에 대중의 눈빛이 달라지기 시작했다.

"평소 저를 행자 중의 한 명으로 보던 시선들이 갑자기 바뀌기 시작했습니다. 저도 엄청 부담스러웠습니다. 그 소식이 큰스님께도 전해졌어요. 큰스님께 혼날까봐 걱정을 많이 했는데 큰 탈 없이 행자생활을 마무리했습니다. 나중에 들으니 큰스님께서 대중에게 '행자실에 있는 내 상좌가 야무지다고 한다'는 말씀을 하셨다고 들었습니다. 하하."

각안 스님은 사미계를 받고 원당암에서 본격적으로 혜암 스님을 모셨다. 그림자처럼 스승을 따라다녔다.

"그때만 해도 고암, 자운, 성철, 일타, 혜암, 법전, 지관 큰스님 등 어른들께서 딱 자리를 잡고 계셨습니다. 어른들이 후학들을 제접하실 때 막내로 해인사에 들어간 셈입니다. 은사스님을 모시면서 큰스님들을 지근거리에서 뵐 수 있었던 것이 큰 복이었습니다."

스님은 강원에 다니면서도 스승을 모셨다. 혜암 스님은 어린 제자에게 "너는 내가 시키는 대로만 하면 된다"며 용기를 북돋아줬다. 그렇게 초보 시자는 낮에는 강원에서 공부를 하고 밤에는 원당암에서 스승을 모시는 일을 함께했다. 강원을 졸업할 때쯤 각안 스님은 스승에게 느닷없는 선언을 했다.

"그래도 큰스님 시봉인데 선방에서 공부를 해야 할 것 같습니다. 이렇게 지내는 것이 오히려 큰스님께 누가 될 것 같습니다."

혜암 스님은 제자를 봉암사 선방으로 보냈다. 하안거와 동안거, 봄과 가을 산철 결제까지 꼬박 1년을 선방에서 보냈다. 해제를 하고 원당암에 가 혜암 스님에게 인사를 드렸다. "다시 나를 도와 집을 지어라." 각안 스님은 스승의 말씀에 주저 없이 봉암사에 있던 바랑을 멨다.

"본격적으로 큰스님을 모시면서 원당암 불사를 했습니다. 제가 처음 원당암에 갔을 때 전각은 보광전, 선방, 큰스님 요사채 딱 3개였습니다. 18년간 불사를 해서 지금은 원당암에 모두 20여 채의 전각이 있습니다."

스님은 원당암에 있을 때에도 지금의 봉갑사에서와 같이 하의는 법복, 상의는 작업복 차림일 때가 많았다. 수행에 대한 아쉬움이 없었던 것은 아니지만 스승을 모시고 불사를 하는 것도 충분히 보람 있는 일이었다.

"집을 한 채 한 채 짓다 보면 세상의 이치를 알게 됩니다. 모든 것이 순리대로 잘 맞아야 합니다. 하나라도 틀어지면 집을 허물고 다시 지어야 해요. 이런 원리가 바로 수행 아닐까 싶습니다."

불사를 챙기느라 몸과 마음이 힘들어도 스님은 항상 옷을 갖춰 입고 잠을 자야 했다. 평생 장좌불와長坐不臥와 일종식一種食을 했던 혜암 스님이 언제 부를지 몰랐기 때문이다. 그래서 원당암 안팎에서는 각안 스님을 '혜암 스님의 5분 대기조'라고 부를 정도였다.

원당암 경내를 살펴보고 있는 혜암 스님과 각안 스님.

큰스님 모시는 게 제일 쉬웠어요

스님의 말씀을 들으며 예전 해인사에서 들었던 얘기가 생각났다.
각안 스님이 하루는 원당암 행자를 불러 다리를 주무르게 했다고
한다. 행자는 영문도 모른 채 꽤 오랜 시간 동안 안마를 해야 했다.
나중에 행자는 그때의 사정을 알고 깜짝 놀랐다. 이 안마는 각안 스
님이 원당암을 비우게 될 때 그 행자가 혜암 스님을 잘 모실 수 있
는지를 알아보기 위한 것이었다.

"사람들은 의심합니다. 큰스님은 정말로 눕지 않았는지, 하루에
한 끼만 공양하셨는지 말입니다. 저는 큰스님이 열반하실 때까지
곁을 지켰습니다. 큰스님의 수행에 대한 의지와 실천은 타의 추종
을 불허했습니다. 큰스님 같이 원칙적인 분들은 모시기 힘들다고

하지만 저는 전혀 그렇지 않았어요. 큰스님 모시는 것처럼 쉬운 일이 없었어요."

스님은 '시봉 노하우'를 묻는 질문에 "큰스님께서 시키는 대로만 하면 됐다"고 잘라 말했다.

"일을 하다보면 저의 뜻을 내세우고 싶은 마음이 들 때도 있었지만 항상 큰스님의 의중과 대중의 의지를 생각하니까 일이 쉽게 해결되었던 것 같습니다."

여기에 스님은 "배우는 자세가 중요하다"고 덧붙였다.

"처음에는 큰스님 말씀만 잘 따르면 된다고 생각했어요. 세월이 지나면서는 진짜 시봉이라는 것은 큰스님을 위해 사는 것이 아니라는 생각을 했습니다. 큰스님의 종이 되지 말고 큰스님의 모든 것을 배워 익혀나가는 제자가 되자고 마음먹고 그렇게 실천하려고 애썼던 기억이 납니다."

각안 스님이 원당암에 살기 시작하던 초기에는 혜암 스님으로부터 모든 종무에 대한 결재를 받아야 했다. 하지만 얼마 지나지 않아서 결재는 사라졌다. 혜암 스님이 각안 스님에게 모든 것을 맡겼기 때문이다.

"애초에 원당암 공양간 불사는 90평 규모로 시작됐습니다. 그런데 일을 하다 보니 규모가 커져서 최종적으로는 220평이 됐습니다. 대중이 늘어나면서 결과적으로 규모를 늘린 효과를 톡톡히 보고 있습니다. 큰스님께서 꾸중을 하시지 않을까 걱정이 되기도 했지만 아무 말씀 없이 지켜보셔서 규모를 늘려도 되겠다는 생각을 했고 결국은 불사를 잘 할 수 있었습니다."

혜암 스님은 해인사에서도 그랬지만 원당암에서도 대중의 정진을 당부하고 또 당부했다. 게으른 수행자들에게는 어김없이 죽비를 내렸다.

"달마선원에서 용맹정진을 하는 대중에게 하셨던 법문이 아직도 기억에 생생합니다. 큰스님께서 한번은 '중이 없으면 소가 없고 지옥이 빈다'는 말씀을 하셨습니다. 놀고먹는 중이 소가 되고 결국에 지옥에 간다는 말씀이었습니다. 수행에 집중하지 않고 한눈파는 스님들을 경책한 말씀이었어요. 그때 달마선원에는 재가자가 많고 스님은 몇 분 안됐는데 제가 듣기에도 얼굴이 화끈거렸습니다. 큰스님께서는 출재가를 막론하고 언제 어디서나 정진에 분발하기를 당부하셨습니다.

큰스님께서는 정진 중에는 부모가 죽어도 가지 말라고 하셨어요. 용맹정진할 때도 누가 아프다고 해도 끝까지 버티라고 하셨습니다. 수행에 있어서는 철저한 원칙을 가지고 계셨습니다. '공부하다 죽어라. 공부하다 죽으면 수지맞는다'는 말씀은 아직도 우리에게 유효한 말씀이라고 생각합니다."

각안 스님은 송광사에 오갈 때를 비롯해 운전할 일이 생기면 어김없이 혜암 스님의 육성 법문을 듣는다. 어린 시절 이해가 잘 안됐던 스승의 법문이 요즘에는 너무 생생하게 귀에 들린다고 한다. 스승의 한 말씀 한 말씀 놓치지 않고 가슴에 새기고 또 새긴다. 각안 스님이 보성 봉갑사에서 꽃피울 혜암 스님의 청정수행 가풍이 벌써부터 기대된다.

속가 부모님은 저를 세상에 나오게 해주신 분입니다. 스승 혜암 큰
스님은 제가 수행자로서 어떤 삶을 살아야 할지를 몸소 보여주신
분입니다. 16년간 큰스님을 모셨기 때문에 오늘날의 제가 있다고
생각합니다. 사형사제스님들의 배려 속에 저는 너무 행복한 수행자
로 살고 있습니다.

큰스님의 참선 용맹정진 가풍과 가르침이 이곳 보성과 호남에 있
는 많은 대중에게 전해질 수 있도록 더 노력하겠습니다.

"나를 돌아보게 하는
거울 같은 어른"

_산청 성관선원장 현각 스님

혜암 스님 문도회 소임을 보고 있는 한 스님으로부터 전화를 받았다.

"산청에 현각 스님이라는 분이 계십니다. 주소를 알려줄 터이니 한번 찾아뵙고 말씀을 듣는 것이 좋겠습니다."

마침 지리산 부근에 있던 차여서 스님이 알려준 주소를 찾아 산청으로 달렸다. 남쪽에서는 조금씩 봄이 오고 있었다. 산과 강은 조금씩 기지개를 켜고 있는 모습이었다.

혜암 가풍, 성관선원

대나무 숲을 따라간 끝에 만난 성관선원性觀禪院. 불사가 한창 진행 중이다. 선원 입구에 호법신장처럼 서있는 거대한 비碑가 눈에 들어왔다.

'공부하다 죽어라' 혜암 스님의 가르침이 새겨진 비를 보며 절의 이름을 다시 생각했다. '性觀성관'은 혜암 스님의 법명이다. 뭔가 심상치 않은 기운이 느껴졌다.

차에서 내려 비 아래에 있는 설명을 찬찬히 읽었다.

"'공부하다 죽어라.' 이 말씀은 대한불교 조계종 제10대 종정 혜암 대종사님의 말씀이다. 살아있는 모든 생명은 죽음을 피할 수 없다. 죽을힘을 다하여 공부하라. 공부하다 죽는다면 가장 가치 있고 행복한 죽음이다. 부모님 인연으로 태어나기 전 나의 본래진면목은 무엇인가. 본인의 혜안으로 보일 때까지 만질 수 있을 때까지 멈추지 마라. 이뭣고! 이뭣고! 이것을 모르고는 자유로운 사람이 될 수 없다."

삭발염의한 스님이 밖으로 나왔다. 현각 스님이다. 스님을 따라 절을 둘러보고 마주 앉았다. 스님이 명함을 한 장 내민다. 명함에도 '공부하다 죽어라'가 큼지막하게 박혀있다. 혜암 스님과의 인연담을 듣기 위해 왔다고 하자 스님은 커다란 박스를 가져왔다.

박스를 열자 수백 장의 사진이 쏟아져 나왔다. 한 장 한 장 사진을 설명하는 스님의 모습에 정성이 가득했다.

흑백과 컬러 사진 수백 장을 보면서 의문이 들기 시작했다. 현각 스님과 혜암 스님이 참 닮은 모습이었다. 현각 스님의 얼굴을 더 자세히 봤다. 혜암 스님의 얼굴 사진 수 천 장을 봤던 터라 현각 스님의 얼굴이 더 자세히 보였다. 60대 혜암 스님의 모습과 60세를 갓 넘긴 현각 스님의 얼굴이 비슷했다. 단도직입으로 물었다.

"혹시 혜암 큰스님과 어떤 인연이신가요?"

'공부하다 죽어라' 비에 대해 설명하고 있는 현각 스님.

"하하하. 혜암 큰스님은 저의 스승이십니다. 출가 전 인연을 따지자면, 저의 친외삼촌이십니다. 속가 어머니의 오빠가 바로 큰스님이십니다. 제가 좀 큰스님과 닮았나요? 출가 후 첫 동안거 용맹정진에 동참했을 때 선방스님들께서도 저를 보고 계속 '혜암 스님과 닮았다'는 말씀을 많이 하셨습니다. 하하."

스님의 말씀 한마디에 모든 의문이 순식간에 해소됐다. 출가 전에는 외삼촌과 조카 사이였고, 출가 후에는 스승과 제자가 된 혜암 스님과 현각 스님은 떼려야 뗄 수 없는 운명과 같은 인연을 가지고 있었던 것이다.

스님의 설명이 이어졌다.

"출가 후 6년 정도 큰스님을 모시다 속퇴를 했습니다. 세속의 삶을 살다가 2011년 10월에 성관선원을 열었습니다. 물론 그 직전에 삼론종에 들어가 스님이 되었습니다. 지금은 도량 불사가 덜 돼 한 달에 한 번 매월 넷째 주 토요일 오후에만 법회를 열고 있습니다.

성관선원은 참선도량입니다. 혜암 큰스님의 정신과 가르침을 이어 우리 모두가 부처되는 선불장選佛場으로 만들고 싶어요. 불자가 아닌 사람들에게도 참선공부의 인연을 맺어주려 합니다."

외삼촌과 조카에서 스승과 제자로

현각 스님과 혜암 스님의 인연이 더 궁금해졌다. 바로 본론으로 들어갔다.

"방금 말씀드렸듯이 혜암 큰스님은 저의 외삼촌이십니다. 제 속가 어머니의 오빠이십니다. 제가 큰스님을 처음 뵌 것은 1972년경

1982년 4월 해인사 원당암에서. 뒷줄 오른쪽이 현각 스님.

스승 혜암

입니다. 큰스님께서 남해 용문사에서 정진하실 때, 백양사에 잠시 다녀가다 속가에 잠깐 들르셨습니다. 저의 외갓집이자 제가 살던 집이죠. 저는 외갓집에서 태어나 쭉 자랐습니다. 그 집도 사실은 큰스님께서 외할아버지에게 사드린 것입니다. 큰스님은 일본 유학 기간 적지 않은 돈을 모으셨다고 합니다. 해방 후 귀국하셔서 그 돈으로 동네에서 제일 좋은 집을 사 속가 부모님께 드리고 출가하셨습니다.

저는 어렸을 때부터 외할아버지께 큰스님에 대한 이야기를 많이 들었습니다. 외할아버지는 큰스님을 도인이라고 했습니다. 아들이 출가해 도인이 된 것을 그 누구보다 좋아하셨습니다.

그때 처음 만난 큰스님은 '잔잔한 수행자'의 느낌이었습니다. 또 당당한 모습이었습니다.

큰스님은 출가 전부터도 옳지 못한 일에는 가만히 있지 않으셨다고 합니다. 동네 아이들을 괴롭히는 사람들에게 주의를 몇 번 줬는데도 그 괴롭힘이 이어지자 몽둥이로 그 사람들의 손을 때렸다고 합니다.

'아무리 말을 해도 네 손가락들이 말을 안 들으니 내가 좀 혼내줬다'고 했다는 얘기를 들은 적이 있어요."

현각 스님이 스님이 된 외삼촌을 처음 만난 것이 열다섯 살 때다. 평소 불교에 관심이 많았던 스님은 20살이 되자 자연스럽게 출가했다. 1977년 4월이다.

"처음 보는 가야산과 해인사는 말로 표현하지 못할 만큼 신선하고 향기로웠어요. 저의 또 다른 외삼촌인 태오 스님께서 '절에 오면 가지고 온 것 모두를 버리게 된다'고 하셔서 짐 하나 없이 고무신 하나만 신고 해인사에 갔습니다. 가야산에 들어서자마자 제 모든 것이 비워지는 느낌이었어요. 아직도 그때의 연둣빛 기억이 생생합니다."

현각 스님은 불교를 좋아하긴 했지만 깊이 있게 이해한 상황은 아니었다. "딱 10년 절에서 공부하고 사회에 내려와 살겠다"고 생각했다. 그런데 처음의 계획은 곧바로 철회됐다.

"부처님 법을 구체적으로 접하기 시작하자 너무 황홀했습니다. 다른 것은 필요 없고 내가 부처되는 것이 제일 중요하다는 생각을 하게 되었어요. 불퇴전의 마음을 내기 시작했습니다."

스님이 출가했을 때 혜암 스님은 해인사에 없었다. 현각 스님이 한참 행자생활을 하고 있을 때 지리산 칠불암에서 정진하던 혜암 스님이 해인사에 왔다.

"태오 스님한테 들으셨는지 큰스님께서도 제가 행자실에 있다는 것을 아셨습니다. 그때 큰스님께서 생식을 하고 계셨는데 사람을 시켜 저에게 반 컵 분량의 생쌀을 씻어오라고 하셨습니다. 그렇게 큰스님 심부름을 하기 시작했습니다.

큰스님은 극락전에 계셨습니다. 오가며 큰스님을 뵐 수 있는 기회가 생기기 시작했어요. 큰스님께서는 이치대로 살아야 한다고 강조하셨어요. 신발은 반듯하게 정리하고 빨래도 제대로 하라고 하셨습니다. 비질에도 복을 쓸어내는 방식이 아니라 복을 쓸어 모으는 방식이 있다며 직접 알려주셨어요.

고무신에 흙이 묻으면 바로 물로 씻어야 한다고 말씀하셨습니다. 큰스님의 고무신은 처음부터 끝까지 새것 같았어요. 출타하고 오시면 항상 흐르는 물에 직접 손으로 닦으셨습니다."

시간이 흘러 현각 스님은 혜암 스님을 스승으로 모셨다. 이 역시 운명으로 받아들였다.

"큰스님께서 저를 해인사 극락전 지대방으로 부르셨습니다. 선禪 법문을 해주셨습니다. 그러고는 큰스님께서 '玄覺현각'을 법명으로 주셨습니다. 하늘만큼 높은, 나아가서는 높이도 잴 수 없을 만큼의 도, 그윽하고 오묘한 도를 깨달으라는 의미로 저에게 법명 현각을 내리셨습니다."

참선공부로 큰스님 은혜에 보답할 것

1977년 10월에 사미계를 받은 스님은 곧바로 해인강원에 입학해 《사미율의》를 배웠다. 동안거가 끝나고 나서 지리산 상무주암으로 떠나는 혜암 스님을 따라 현각 스님도 길을 나섰다.

"밤에 영원사에서 상무주암으로 갔습니다. 큰스님은 나는 듯이 가시는데 저는 힘들어 죽는 줄 알았어요. 무조건 큰스님의 뒷모습만 보며 산을 올라갔습니다."

상무주암에서도 역시 혜암 가풍대로 살며 정진하고 일을 했다.

"새벽 두 시에 일어나 하루 일과를 시작했습니다. 낮에는 종일 일을 했어요. 땔나무를 하고 텃밭 가꾸면서 큰스님께서 시키는 대로 했습니다. 낮에 힘들게 일을 하면 저녁에는 잠이 쏟아져요. 일종식一種食과 장좌불와長坐不臥를 하시던 큰스님께서 경책을 해주셔서 나름 열심히 정진하려 했는데 그렇게 잘된 것 같지는 않습니다. 하하. 상무주암에서의 정진은 지금까지 제 인생에서 가장 가치 있고 값진 시간이었습니다."

상무주암에서 6개월 정도 보낸 뒤에도 현각 스님은 해인사 조사
전과 원당암 등에서 혜암 스님을 모셨다. 또 진주 호국사에서는 어
린이, 청소년, 청년 법회를 맡아 포교에도 진력했다.

　"호국사에서 포교하다가 다시 해인강원에 갔습니다. 하지만 강
원 공부를 다 마치지 못하고 나왔습니다. 그 후 원당암에서 원주 소
임을 보다가 몸에 병이 생겨 1983년 11월에 입원을 하게 되었어요.
그 후로 다시 해인사에 가지 못했습니다."

　스님이 병원 치료를 위해 원당암에서 나오던 날, 속가 어머니는
원당암으로 들어가 30년 넘게 공양주 소임을 보았다고 한다.

　"원당암에서 나오고 난 뒤에도 큰스님을 친견할 기회는 많이 있
었습니다. 하지만 큰스님 곁에 가까이 갈 수 없었어요. 큰스님께 누

1982년 해인사 원당암에서 대중과 함께. 앞줄 맨 왼쪽이 현각 스님.

가 될 수 있었기 때문입니다. 그저 멀리서 큰스님의 모습을 지켜보기만 했습니다. 시간이 흐르고 나서는 원당암 달마선원에 방부를 들이는 등 좀 더 가까이 다가가 인사를 올리기는 했습니다. 나중에 사람들한테 전해들은 바에 의하면, 큰스님께서는 저의 모든 인연을 다 알고 계셨던 것 같아요. 큰스님 가르침대로 계속 정진하지 못한 것이 너무 죄송합니다."

속퇴 후 스님은 안 해본 일이 없을 정도로 열심히 살았다. 부침을 겪었지만 가정을 꾸리고 생활도 안정적으로 할 수 있었다. 그래도 항상 허전했다. 스님은 결심했다.

"제가 가정도 꾸렸고 또 자식들도 있습니다. 조계종으로 다시 갈 수 있는 상황이 안 됐습니다. 그래도 방법을 찾았습니다. 결국 삼론종에 들어가 재출가를 해 지금에 이르고 있습니다. 앞으로 참선공부를 더 열심히 해 큰스님 은혜에 꼭 보답하고 싶습니다."

현각 스님의 말씀을 듣고 보니 혜암 스님이 재가자들에게 당부한 법문 한 토막이 생각났다.

"선禪은 어디서나 누구나 할 수 있습니다. 승속, 남녀, 유식무식, 빈부귀천에 차별이 없어요. 백정도 간절한 마음으로 도를 닦으면 됩니다. 마치 암탉이 알을 품는 것과 같이 간절한 마음으로 해야 공부가 되지, 했다가 안 했다가 하면 공부가 식어 힘을 얻기가 어렵습니다. 잠깐 할 때도 간절한 생각으로 해야 효과가 있습니다.

공부를 하는 사람은 바다와 같은 부동심을 가지고 부지런히 하되 물이 높은 데서 낮은 데로 쉴 새 없이 유유히 목적지를 향해 끝없이 흘러가는 것과 같이 공부해야 합니다. 아무리 힘들고 어려운 일이

해인사 극락전 앞에서 혜암 스님을 모시고 자리를 같이한 현각 스님.

생겨도 참고 이겨내야 합니다. 쉴 새 없이 공부를 할 때 힘을 얻을 수가 있습니다.

사람 몸 받기 어렵고 정법 만나기 어려우니 좋은 인연 만났을 때 이 몸을 제도하지 않으면 어느 생에 이 몸을 건지겠습니까. 간절히 노력합시다."

현각 스님을 통해 또 다른 모습의 혜암 스님을 만날 수 있었다. 여생을 수행자로 살고자 하는 현각 스님의 결연한 의지도 느낄 수 있었다. 산청에서 시작된 '혜암 법향法香'이 지리산 전체로 퍼져나가길 기대해 본다.

스님에게 혜암 큰스님은 어떤 존재인가요?

큰스님은 항상 자비로운, 인간적이면서도 대중을 편안하게 해주신 스승이십니다. 수행에 있어서는 또 어떻게 표현하기 어려운 선지식이십니다. 큰스님은 언제나 직접 행行으로 모든 것을 보여주셨던 수행자셨습니다.

저는 단 한 번도 큰스님이 속가의 외삼촌이라는 생각을 한 적이 없습니다. 늘 스승님으로만 생각했습니다.

저는 계속 큰스님을 생각하면서 제 공부를 이어가려 합니다. 어떤 순간순간이 되면 '큰스님은 이 상황에서 어떻게 하셨을까?'라고 생각하며 판단하고 실천합니다. 저 스스로를 비춰보는 거울 같은 존재가 바로 혜암 큰스님입니다. 큰스님처럼만 살 수 있다면 내일 죽어도 여한이 없습니다.

"우리에게 큰스님은 광명이자 등불"

_ 김옥선(대원성大圓性) 보살님

대전시 서구의 주택가에 자리 잡은 화암사. 세련된 도심포교당이 나그네의 발길을 붙잡는다. '오늘 한 번이라도 남을 존중하였는가?' '오늘 한 번이라도 남에게 베풀었는가?'를 비롯한 7가지 신도지침은 다시 한 번 불자로서의 삶을 반성하게 한다.

　절 한편에 자리한 찻집으로 갔다. 대전에서 혜암 스님의 가르침을 전하고 있는 김옥선(대원성大圓性) 보살님을 만나기 위해서다. 보살님은 다른 보살님 두 분, 거사님 한 분과 같이 나와 있었다. 보살님 한 분은 혜암 스님을 같이 모셨던 대원경 보살님이고 또 다른 보살님과 거사님은 딸 무진장 보살님 부부였다. 화암사는 현재 무진장 보살님 부부가 기도하고 정진하는 사찰이다.

　사람들로 붐비는 찻집을 피해 '선禪갤러리'로 자리를 옮겼다. 선기가 가득한 근현대 고승들의 글씨가 빼곡하게 전시되고 있다. 단

대원성 보살님과 딸과 사위.

연 눈에 들어오는 글씨는 혜암 스님의 '雪裏梅華(설리매화)-눈 속에 매화가 피어나고 있다'라는 글씨였다. '쉼 없는 정진 끝에 깨달음이 온다'는 혜암 스님의 평소 지론이 녹아있는 듯하다.

자리에 앉고 보니 대원성 보살님은 팔순을 넘겼다고 상상할 수 없을 정도로 맑고 밝았다. 대원경 보살님 역시 칠순을 넘겼지만 한참 아래 연배로 보였다.

"큰스님 말씀 따라 참선공부만 열심히 하다 보니 늙는 것이 멈췄나 봐요. 하하. 있던 병도 낫게 하는 것이 참선공부입니다. 거사님도 열심히 참선공부하세요. 하하."

유쾌한 웃음을 뒤로 하고 본격적으로 보살님과 인터뷰를 시작했다. 문득 한 장의 사진이 머리를 스쳤다. 한 보살님이 아주 가까이서 혜암 스님의 법복을 살피는 모습이 담긴 사진이었다. 혜암 스님 생전에 찍은 것이기 때문에 아주 오래된 사진이다. 생각해 보니 혜암 스님 가까이에 있던 사람이 바로 대원성 보살님이었다. 나중에 사진 파일을 보여주었다. 보살님은 "어디서 이런 귀한 사진을 구했느냐?"며 무척 반가워했다.

생불 찾아 해인사 원당암으로

혜암 스님을 만나기 전부터 대원성 보살님은 대전 지역에서 이미 이름난 불자였다. 신심과 원력뿐만 아니라 대중을 이끄는 능력도 출중했다. 불자들을 이끌고 대전 고산사와 양산 통도사에 다니며 기도하고 정진했다.

그러다 우연히 '해인사 생불生佛'에 대한 소문을 듣게 됐다.

"아주 오래전에 통도사에서 불자들을 제접하시던 경봉 큰스님을 친견하기로 한 날, 큰스님이 열반에 드셨습니다. 너무 아쉬웠어요. 도인을 만날 수 있다는 기대가 컸는데, 인연이 거기까지였습니다. 그러던 중 1985년 늦봄에 해인사에 생불이 계시다는 얘기를 들었습니다. 다시 인연이 왔다고 생각했어요. 그 생불이 누구인지 알아보니 바로 혜암 큰스님이었어요. 그래서 큰스님 친견을 서원하고 대전 도반들과 함께 해인사로 갔습니다."

보살님은 백련암에 들러 7월 아비라기도에 동참했다. 3박 4일의 기도 일정이었지만 혜암 스님을 빨리 보고 싶은 마음에 하루만 동참하고 원당암으로 갔다.

"원당암에 올라가니 더위를 씻겨주는 맑은 바람과 신성한 공기가 반겨주었습니다. 연꽃에 쌓여있는 듯한 원당암은 아주 깨끗하고 조용했습니다. 원당암에 가니 어느 스님이 후원에서 손을 씻고 밖으로 나오셨어요. 그래서 여쭈었습니다. '혜암 큰스님을 뵙고 싶어 왔습니다. 혹시 큰스님은 어디 계신가요?' '어디서 왔소?' '대전에서 왔습니다' '내가 혜암이요' 우리 일행은 신이 나서 바로 큰스님을 따라 방으로 들어갔습니다. 방에 앉은 큰스님에게서 엄청난 힘이 느껴졌습니다. 무언가 압도되는 그런 느낌이었습니다.

큰스님은 자리에 앉자마자 저희에게 이해하기 어려운 선 법문을 하셨어요. 전부는 알아듣지 못했지만 그래도 너무 좋은 내용의 법문이었습니다. 드디어 참스승을 만난 것 같아 너무 기쁘고 환희심이 났습니다. 그때부터 비가 오나 눈이 오나 바람이 부나 원당암에 열심히 다니며 공부하기 시작했습니다."

보살님은 "큰스님을 친견하자마자 스승으로 모셔야겠다는 생각이 들었다. 큰스님은 왜소한 체격이었지만 위엄이 있었다. 카리스마가 느껴졌다. 스승으로 모시고 공부하면 모든 것을 알려주실 것 같은 느낌이었다. 처음에는 조금 무섭게 느껴졌지만 나중에는 아주 자상하시다는 것을 알았다"고 회고했다.

"보통 불자들이 찾아오면 스님들은 차도 내주시고 먹을 것도 주시면서 좋은 말씀을 해주시잖아요. 그런데 큰스님은 달랐어요. '똥자루들이 아무것도 모르고 이 절 저 절 돌아다닌다'고 혼을 내셨습니다. 그 말씀을 듣고 엄청 당황했습니다. 처음부터 참선공부를 해

혜암 스님을 모시고 있는 보살님의 가족.

야 한다는 말씀을 하셔서서 많이 놀랐습니다. 그간 절에 다닌 게 너무 창피하다는 생각이 들 정도로 혼났습니다. 하하.”

잊을 수 없는 원당암에서의 용맹정진

보살님은 그렇게 원당암 혜암 스님과 인연을 맺었다. 매월 첫째, 셋째 주말 철야 참선법회에 빠지지 않고 참석했고 하안거와 동안거 막바지에 진행하는 용맹정진에도 동참했다.

“원당암에 큰스님이 계실 때에는 일주일 용맹정진을 하면서 단식까지 같이했습니다. 큰스님께서 그렇게 가르치셨습니다. 처음에는 너무 힘들었어요. 준비 없이 굶으니 너무 배가 고팠어요. 큰스님께서는 선방에 같이 앉으시며 대중을 경책하셨습니다. ‘누워있지 말고 물 많이 마시고 운동하라'고 독려하셨어요. 또 '3일만 넘기면 괜찮다. 단식 용맹정진이 평생 공부의 밑거름이 될 것'이라고 하셨어요. 용맹정진이 끝난 뒤에는 보식補食에도 많은 관심을 가져주셨습니다. 한참 정진할 때는 큰스님께 많은 것을 배웠습니다."

대원성 보살님이 원당암에 다니면서 대전의 불자들도 움직이기 시작했다. 처음에는 12인승 봉고차 한 대로 움직이던 대전 불자들의 숫자는 얼마 지나지 않아 대형 버스 2대를 꽉 채웠다.

"잘 알려져 있듯이 큰스님께서는 대중의 공부를 지도할 때는 호랑이보다 더 무섭고 칼 같았습니다. 화두공부하는 사람들은 항상 깨어있고 방일하지 말고 '매시간 전쟁터에 나왔다고 생각해야 한다'고 하셨어요.

8만 4천 번뇌망상의 적군이 나를 향해 총을 겨누고 있고 적군의 총탄에 언제 죽을지 모르니 정신 똑바로 차리고 공부해야 한다고 하셨던 기억이 생생합니다. 적군은 늘 내 곁에 있고 이것을 물리쳐야 하니 정진은 곧 자기와의 싸움이라고 강조하셨습니다. 처음에는 8만 4천 적군이라는 말을 알아듣지 못했어요. 하하."

보살님은 혜암 스님의 공부론에 대한 설명을 이어갔다.

"이 세상 태어나서도 특히 만나기 어려운 불법을 만났으니 주인공 찾는 공부를 게을리하지 말라고 말씀하셨습니다. 잠시도 화두를 잊지 말고 '공부하다 죽어라'라고 여러 번 강조하셨어요.

큰스님께서는 젊은 시절 당신이 공부하실 때 법상法床에서 아름다운 말씀만 하는 어른스님들에게 '맨날 똑같은 소리 하지 말고 어떻게 하면 부처가 될 수 있는지 알려 달라'고 했다고 합니다. 그러면서 마음을 닦지 않고는 우리가 바라는 부처가 될 수 없다고 하셨어요.

우리의 공부는 새끼를 엮기 전 볏단에 물을 축이는 정도라고 하시며 공부를 잘하기 위해서 기초를 닦는 것이 중요하다고 말씀하셨어요. '이뭣고' 화두를 들면 자기 스스로 공부하는 계기를 만들 수 있고 화두공부만 제대로 하면 눈덩어리 같이 큰 번뇌도 다 녹는다고 강조하셨습니다.

큰스님의 말씀이 처음에는 와 닿지 않았습니다. 정말 막연했어요. 그런데 시간이 지나 공부를 하다 보니 큰스님께서 말씀하신 길이 조금씩 보이기 시작했습니다. 지금 같으면 큰스님께 이것저것 다 여쭈어볼 텐데 그렇게 할 수 없어서 너무 아쉽습니다."

대원성 보살님은 "큰스님은 특히 인과의 중요성을 강조했다"며 "인과만 알면 모든 일이 술술 풀린다는 사실을 큰스님을 통해서 알게 됐다"고 덧붙였다.

보살님의 증언은 막힘이 없고, 총기가 살아있었다. 옆에 있던 대원경 보살님은 "대원성 보살님의 별명이 녹음기다. 큰스님 말씀은 보살님 머리에 그대로 입력되어 있다"고 귀띔했다.

"이번 생에 성불하지 못해도 열심히 정진하면 내생에 가서 성불할 수 있는 싹이 됩니다.

참선공부는 직선으로 가는 길입니다. 돌아가지 않아요. 화두공부는 정말로 본인이 한 만큼 성과를 낼 수 있습니다. 공부를 하면 인욕심이 커지고 모든 생명을 긍정적으로 보게 됩니다. 정말 몇 생이 걸리더라도 성불할 때까지 이 공부를 계속할 것입니다.

우리에게 큰스님은 광명이자 등불

저는 큰스님을 만나면서 불퇴심이 생겼어요. 부처님 법 안에서, 큰스님 가르침 안에서 절대 물러나지 않을 것입니다. 공부를 하면 할수록 그렇게 좋을 수가 없습니다. 하하."

사람들의 마음을 살폈던 어른

보살님은 혜암 스님에게 배운 공부에 대한 보따리를 풀어냈다. 당신이 직접 보고 듣고 겪은 일들에 대한 이야기는 정말 생생했다. 보살님은 혜암 스님의 자비로운 면에 대해서도 설명했다.

"1990년 2월에 혜암 큰스님을 모시고 인도 성지순례를 갔습니다. 그때 인도에는 가뭄이 들었습니다. 잘된 일인지 우리 일행이 인도에 도착하자 많은 비가 왔습니다. 천둥 번개와 비바람에 버스가 흔들리고 앞이 보이지 않을 정도였습니다. 순례에 차질이 생기지 않을까 걱정했습니다.

그때 큰스님께서 자리에서 일어나 큰소리로 '용왕아! 잠자느냐? 수좌가 부처님 성지를 참배하러 왔는데 비를 오게 하느냐?'고 하셔서 우리 일행 모두가 놀랐습니다. 저는 큰스님을 존경하는 마음에 행여 이 말씀이 큰스님의 실수가 될까봐 걱정이었습니다. 일정이 예정대로 진행되면서 성지순례에 나섰습니다. 성지에 도착해 참배하고 법회가 끝날 때까지는 하늘이 맑았습니다. 다음 성지로 이동할 때는 또 비가 오다가도 도착하면 딱 비가 그쳤습니다. 성지에 도착해서 법회를 할 때는 마치 밥상 위 보자기를 벗기는 것처럼 구름이 없어지고 햇볕이 나왔어요. 우리 불자들은 현장에서 큰스님의 수행력에 감탄하며 놀랐습니다. 지금도 그때만 생각하면 큰스님이 너무 너무 존경스럽습니다."

예상치 못한 큰비에 당황한 신도들을 안심시키기 위해 혜암 스님은 먼저 나섰다. 그리고 실제로 비는 적절하게 사라졌다 나타나기를 반복했다. 성지순례에 동참한 신도들에게는 신심과 환희의 순간이었다.

"아주 가끔이지만 큰스님께서는 대전에도 몇 번 오셨습니다. 한번은 큰스님을 모시고 도반들과 함께 가까운 산에 올랐습니다. 모두 함께 둘러앉아 준비한 공양과 차담을 하려는데 큰스님께서 드시지를 않으세요. 그래서 '큰스님 공양을 하시지요?'라고 말씀드렸더니 큰스님께서는 '같이 온 일행이 다 앉아야 공양을 하지!' 하시면서 끝까지 기다리셨어요. 나중에 도반들이 다 오고 나서야 공양을 하셨습니다.

혜암 큰스님은 이렇게 정도 많으시고 두루두루 사람도 챙기셨어요. 어떤 때는 정말 인정 많은 할아버지 같으셨습니다. 하하."

혜암 스님이 대전에 갈 때면 보살님의 집에서 자주 머물렀다. 보살님의 가족들도 혜암 스님을 정성스럽게 모셨다. 보살님의 딸인 무진장無盡藏 보살님과 사위 심월心月 거사님의 법명도 혜암 스님이 내려줬다.

무진장 보살님은 "가까이서 뵌 혜암 큰스님은 아우라가 엄청났다. 위엄이 있으셨다. 마치 부처님 같았다. 제가 어렸을 때 큰스님을 만나서 더 그런 생각이 들 수도 있지만 지금까지도 큰스님의 위풍당당한 모습은 잊을 수 없다"고 했다.

대원성 보살님은 오랜 시간의 인터뷰에도 전혀 흔들림이 없었다.

대전을 방문한 혜암 스님을 모시고 불자들이 자리를 같이한 모습.
앞줄 맨 왼쪽이 대원성 보살님.

"다 큰스님께 배운 공부 덕"이라며 "큰스님 이야기를 하자면 끝이
없다"고 했다. 혜암 스님에 대한 보살님의 믿음과 확신은 영원히 계
속될 것으로 보인다.

보살님에게 혜암 큰스님은 어떤 존재인가요?

제가 큰스님을 만난 것은 이번 생의 최고의 행운이자 복입니다. 큰
스님을 만난 이후로 저는 하루도 큰스님을 잊어본 적이 없습니다.
지금도 마찬가지입니다. 생각해 보면 큰스님께서 해주신 말씀이 구
구절절 다 맞습니다.

큰스님과의 인연으로 부처님 법을 알게 되고 또 나름대로 공부를 하고 있습니다. 큰스님께서는 후학들이 바르고 정확하게 공부할 수 있도록 방법을 일러주셨고 어떻게 하면 화두공부를 잘 할 수 있는지 그 목표에 대해서 길을 잡아주셨습니다. 큰스님은 우리에게 광명이고 등불이십니다. 큰스님께서는 지금도 저희 곁에 계십니다.

큰스님은 제 인생관을 바꿔주셨습니다. 수없이 일러주신 법문을 한 번도 잊어버린 적이 없습니다. 어려운 일이 생길 때마다 큰스님의 말씀을 다시 기억하고 가슴에 새깁니다. 혜암 큰스님 은혜에 머리 숙여 감사드립니다.

"아버지 같았던 영원한
큰스승"

_ 이종수(송운松雲) 거사님

대전역 인근의 다방. 오래된 노래와 푹신한 소파가 그야말로 딱 옛날식 다방의 느낌 그대로다. 요즘에는 찾기도, 이용하기도 어려운 다방에 앉았다. 몸에 맞는 듯 편안하다. 약속 시간이 되자 노신사가 문을 열고 들어왔다. 이종수(송운松雲) 거사님이다. 여사장님과 반갑게 인사를 나누는 모습에서 이 다방이 거사님의 단골가게임을 알 수 있었다.

얼마 전 다친 몸이 다소 불편해 보였지만 환한 미소가 아름다웠다. 거사님은 1970년대 후반부터 혜암 스님을 모신 유발상좌다. 인터뷰를 부담스러워하던 거사님이 서류를 잔뜩 들고 왔다. 그만큼 혜암 스님과 인연이 깊다는 것을 반증하는 자료들이었다.

"제가 말을 잘 못해서 이렇게 몇 가지 챙겨왔습니다. 이것만 보시면 됩니다. 하하."

혜암 스님과 송운 거사님.

가벼운 인사 후 거사님의 설명이 시작됐다.

진정으로 이사理事를 겸비했던 선지식

거사님이 내놓은 것은 혜암 스님 관련 각종 사진과 신문 보도 기사,

법문 등등이었다. 수십 년 전 사진 속의 혜암 스님은 더 당당하고 위엄이 있다.

거사님이 가장 먼저 내놓은 것은 1999년 1월 1일자 《불교신문》이었다. '신년 특집 큰스님 법문'으로 당시 조계종 원로의장이던 혜암 스님의 법문을 게재한 것이다. 거사님은 "큰스님의 주옥같은 말씀이 담겨있어 수십 번을 읽었다"며 "다른 사람들에게도 널리 전해졌으면 좋겠다"고 했다. 거사님이 여러 겹의 밑줄을 그어놓은 내용이다.

"마음 밖에는 성인도 없고 모든 법이 없기에 일체유심조라 하였습니다. 세계와 우리의 운명은 마음에 따라 전개됩니다. 사람들의 마음이 착하고 어질면 밝고 아름다운 세계가 펼쳐지지만 사람들의 마음이 간사하고 악하면 어둡고 사나운 재앙이 만들어집니다. 오늘의 인간사회가 혼란하고 어렵고 고통을 받는 것은 마음이 밝지 못하고 어두운 사람들이 많기 때문입니다.

요즈음 한 생각 잘못해서 폭력배 말을 듣고 조계종단이 국제적으로 실추되었다고 하나, 이면에 있어서는 좋은 기회며 좋은 징조라고 아니할 수 없습니다. 이러한 공부를 어떻게 배우겠습니까? 이번에 잃은 것은 적고 얻은 것은 많다고 봅니다.

주먹만큼의 실수를 한 사람은 주먹만큼의 성공이 있고, 태산만한 실수를 한 사람은 태산만 한 성공이 있게 되어있습니다. 하늘이 큰 사람을 만들 때 반드시 고통의 함정에 빠뜨려 시험하는 법입니다. 복은 검소함에서 생기고 덕은 겸양에서 생기며 지혜는 고요히 생각하는 데에서 생깁니다. 눈을 조심하여 남의 그릇됨을 보지 말고 아름다움을 볼 것이며, 입을 조심하여 실없는 말을 하지 말 것이며, 덕 있는 사람을 받들며 지혜로운 사람을 가까이할 것이며, 내 몸 대우 없음에 대우를 바라지 말고 남을 손해하면 마침내 그것이 자기에게 돌아옴을 알아야 합니다.

번뇌망상에 물든 마음은 더러운 때요, 사람의 험한 길은 불구덩이며, 청정한 마음은 사람의 바른 길이요 편안한 집이며 해탈이며 처처불상이요 때때로 불공입니다.

출가하여 스님이 되는 것이 어찌 작은 일이겠습니까? 몸의 안일을 구하려는 것도 아니며, 명예와 재물을 구하려는 것도 아닙니다. 죽음을 면하고 번뇌의 적을 끊으려는 것이며, 부처님의 혜명을 이어가는 것이며, 삼계를 뛰어넘어 다생부모를 건지려는 것입니다. 마음을 깨닫고 법을 아는 사람이 사는 곳은 도살장도 술도가집도 절이요, 그렇지 않은 절은 마구니 굴속입니다. 무심한 마음으로 사는 절은 부처님의 도량이요, 그렇지 않은 절은 속가라 합니다.

스님이 아니면 지옥이 비고 소가 없어진다고 하며, 참선을 1년 하면 승납이 1년이라 하고, 스님이 되어서 백 년이 되었더라도 참선공부를 않는 사람은 승납이 없다고 합니다.

세상만사는 분별망상으로 하는 일이기에 선악이 꿈속 일이요, 나고 죽는 괴로운 일입니다. 그러니 대大를 위해 먼저 할 일은 '참나'를 찾는 일입니다. 주인공을 찾는 일이 내 일이요, 남을 돕는 일이니, 무슨 직업이든지 도를 닦으려고 한다면 그 소망이 언제까지나 그칠 줄 모르니 어찌하겠습니까.

모든 소망은 망상에 지나지 않습니다. 만일 어떠한 소망이 마음

속에 일어나거든 '그것은 부질없는 망상이구나' 생각하여 무엇이건 하겠다고 나서서는 안 됩니다. 모든 일을 즉각 내버리고 도를 닦을 때, 장애가 없어지고 소행도 없어져 심신이 언제까지나 여유 있고 평온해지는 것입니다. 이 말을 따르지 아니하면 훗날에 후회가 끝이 없고 결국 고통받을 것입니다."

새해를 맞이하는 불자들에게 내리는 혜암 스님의 '할과 방'이자 격려 법문이었다. 거사님은 곧이어 팸플릿 하나를 내밀었다. 1994년 당시 조계종 개혁회의에서 발행한 '불교개혁의 길'이라는 홍보물이었다. 거사님은 팸플릿에 실린 1994년 4월 10일 전국승려대회 종단개혁 선언문의 한 부분을 읽었다.

잘 알려져 있듯이 혜암 스님은 조계종 개혁을 선두에서 이끌었다. 혜암 스님이 없었다면 1994년 조계종 개혁은 좌초됐을지도 모른다. 1994년 당시 열린 전국승려대회에서 대회장을 맡은 혜암 스님은 "이제 한국불교는 뼈를 깎는 참회로 새롭게 태어나야 한다"고 강조했다. 스님은 "한국불교의 앞날이 벼랑 끝에 서있음에도 치열한 문제의식을 갖고 개혁하려는 몸부림이 없다"며 "파사현정破邪顯正하겠다는 출가장부의 기개와 실천이 보이지 않는다"고 말했다. 스님은 "한순간의 비분강개가 아니라 최후의 일인, 최후의 일각까지 신명을 바쳐 부처님의 가르침을 바로 세우겠다는 서원이 금강과 같이 굳건할 때 개혁은 성취될 것"이라고 역설했다.

송운 거사님은 "혜암 큰스님은 우리 시대 보기 드물게 이사理事를 겸비한 선지식이었다"며 "제가 큰스님을 존경하지 않을 수 없는 이유들이 여기에 있다"고 강조했다.

선禪은 혜암 큰스님께 배워야 한다

가져온 자료에 대한 설명은 계속 이어졌다. 거사님은 자료 하나하나를 정성스럽게 다뤘다. 한참 동안의 설명이 끝난 뒤 거사님은 혜암 스님과의 인연을 소개하기 시작했다. 거사님은 "혜암 큰스님"을 말할 때마다 눈물을 글썽였다.

"제가 대전에 오기 전에는 진주에 살았습니다. 1970년대 후반부터 진주거사림회에 나갔습니다. 그때 처음 만난 어른이 일타 큰스님입니다. 아마 진주 연화사에서 처음 인사를 드린 것 같아요. 그때는 진주에 큰스님들이 많이 오셨습니다. 시간이 조금 흐른 뒤 혜암 큰스님께서 법문을 하시러 진주에 오셨습니다. 비구니 사찰에서 폭

1980년대 초반 혜암 스님 등을 모시고 진주거사림회 회원들과 함께한 모습.
뒷줄 왼쪽에서 두 번째가 송운 거사님.

아버지 같았던 영원한 큰스승

포수 같은 법문을 하셨습니다.

"큰스님의 법문을 듣고 나서 참선공부에 대한 원력을 세웠습니다. 주변 도반들에게 물어보니 '참선은 혜암 큰스님께 배워야 한다'고 합니다. 그래서 1980년대 초에 해인사 원당암에 갔습니다."

거사님이 원당암을 찾은 때는 여름이었다.

"처음으로 큰스님을 가까이서 뵈었습니다. 강인하면서도 다정다감한 모습이었습니다. 큰스님께 인사를 드리고 나니 '공부를 배울 수 있겠다'는 생각이 절로 들었습니다. 큰스님께서는 '사람이 태어나서 할 수 있는 것이 이 공부 하나밖에 없으니 죽어도 공부하다 죽겠다는 일념 하나로 공부하라'고 말씀하셨습니다. 큰스님의 말씀을 들으니 '정말 부모님처럼 모셔야겠다'는 확신이 들었습니다."

마침 원당암에서는 일주일 용맹정진을 준비하고 있었다. 거사님도 자연스럽게 용맹정진에 동참했다.

"다른 사람들도 하는데 저라고 못할 것이 없다고 생각했어요. 확실하게 무엇인가를 알고 했다고 할 수는 없었지만 나름 의미 있는 시간을 보냈습니다."

원당암에서 정진하는 시간이 길어질수록 공부의 맛을 알아갔다. "잘될 때는 가야산도 들어 옮길 수 있을 것 같았다"고 한다.

거사님은 '원당암 프로그램'에 빠지지 않았다. 정진도 열심히 했다. 혜암 스님은 거사님에게 선방 입승立繩을 맡겼다. 책임을 회피하지 않은 거사님은 동료 거사님들은 물론 보살님들의 정진까지 살폈다.

"원당암에서 큰스님의 지도를 받은 많은 불자님이 계시지만 그

1982년 봄 원당암에서 용맹정진을 마친 뒤. 뒷줄 왼쪽에서 네 번째가 송운 거사님.

래도 저는 광명화 보살님이 많이 생각납니다. 보살님은 큰스님의 스승인 인곡 노스님과 혜암 큰스님을 연이어 모셨던 분입니다. 원당암에 살면서 어른들을 극진히 모신 것은 물론 본인 스스로도 열심히 정진하셨습니다. 100세가 지나서도 보살님은 선방에 같이 앉으셨습니다. 큰스님에 대해 해주신 말씀들이 많이 기억나네요."

거사님은 다시 스크랩해 온 《불교신문》 기사를 보여주었다. 혜암 스님을 회고하는 광명화 보살님의 전언이다.

"40여 년 곁에서 모셨지만 단 한순간도 흐트러진 모습을 보지 못했어요. 제자들에게는 무서운 사자요 호랑이였지만 재가자들에게는 콩 한 톨도 손수 나눠주는 자비심이 가득한 대도인大道人이십니다. 평생 장좌불와長坐不臥를 하셨던 큰스님은 그 어떤 제자들보다 먼저 일어나셨습니다. 상좌스님들이 잠들어 있는 방을 슬그머니 바라보다 뒤뜰로 가셨지요. 그리고 도끼를 들고 장작을 패기 시작하십니다. 일어나라는 이야기입니다. 그러면 상좌스님들이 황급히 일어나지요. 그러면 모른 체하고 참선에 들어가십니다. 불호령보다는 은근한 자비심이 돋보이셨습니다.

큰스님은 열반하시기 전까지 자신이 머물던 미소굴 앞마당을 손수 청소하셨습니다. 그리고 당신의 방 안에는 평생 이불도 베개도 두지 않았어요. 달랑 좌복 하나뿐이었습니다.

달마선원을 개원하고 토요일 철야 용맹정진 때도, 7일 용맹정진 때도 흔들림 없는 수행을 하시는 분은 큰스님뿐이셨습니다. 한번은 울력을 마친 큰스님께서 달마선원을 둘러보러 오셨습니다. 저희에게 '공부하다 죽는 것이 제일 행복한 것입니다. 화두는 잘 들립니까. 화두를 놓는 순간 산송장이 된다는 것을 명심해야 해요'라고 간곡히 당부를 하셨습니다. 큰스님은 참말로 큰 도인입니다."

공부하는 제자들을 찾아다니며 격려했던 혜암 스님

송운 거사님은 혜암 스님의 특별한 제자 사랑도 지켜봤다.

"큰스님께서는 제자들이 공부하는 곳에도 자주 가셨습니다. 현재 해인총림 방장이신 원각 스님이 제방에서 정진하실 때는 여러 번 찾아가셨습니다. 제가 큰스님을 모시고 갔기 때문에 잘 알고 있습니다. 남해 용문사, 통영 용화사, 거창 고견사 등을 찾아 원각 스님을 격려하셨습니다. 열심히 공부하는 제자를 흐뭇하게 바라보시던 큰스님의 모습을 잊을 수가 없습니다."

거사님 또한 혜암 스님에게 많은 도움을 받았다고 한다. 한번은 사업에 어려움을 겪던 거사님을 혜암 스님이 따로 불렀다.

"공부해야 할 사람이 일 때문에 그렇게 힘들어하면 어떻게 하나? 보태서 쓰고 다시 공부 열심히 해야 한다."

혜암 스님은 준비한 1,000만 원을 거사님에게 건넸다. 1980년대 중반임을 감안하면 결코 작은 돈이 아니었다. 거사님은 깜짝 놀랐다. 혜암 스님이 내려준 돈으로 거사님은 재기의 발판을 마련했다. 시간이 흘러 거사님은 1,000만 원을 2,500만 원으로 만들어 혜암 스님에게 드렸다고 한다.

"제가 큰스님께 드린 돈은 다시 어느 거사님에게 전해졌습니다.

해인사 원당암에서 혜암 스님을 모시고 자리를 같이한 거사님들.
맨 앞줄 왼쪽에서 세 번째가 송운 거사님.

큰스님께서는 저와 비슷한 처지에 있던 거사님을 챙기셨는데, 그 거사님은 큰스님의 돈을 받고 사라졌습니다. 큰스님의 따뜻한 마음을 헤아리지 못한 그 거사님이 너무 안타깝습니다."

송운 거사님은 "저의 모든 것을 챙겨주신 어른이 바로 혜암 큰스님이다. 큰스님의 은혜에 보답하는 유일한 길은 견성見性이라고 생각해 왔는데 이번 생에는 어려울 것 같다"고 안타까워했다. 눈물로 스승을 그리워하는 송운 거사님의 모습에서 혜암 스님의 그림자가 느껴졌다.

거사님에게 혜암 큰스님은 어떤 존재인가요?

저에게는 아버지 같은 스승입니다. 생전에 큰스님을 더 잘 모시지 못한 것이 한으로 남습니다. 저는 큰스님이 최소 100세까지 우리 곁에 계실 것으로 생각했어요. 그렇게 빨리 열반하시리라고는 꿈에도 생각 못했습니다.

큰스님께서는 생전에 저에게 가끔 농담 아닌 농담을 하셨어요. 큰스님께서는 '나는 죽으면 내원궁으로 간다. 공부 열심히 해야 내 옆으로 올 수 있다. 한눈팔지 말고 공부만 열심히 해라'라고 하셨습니다. 저에게 주신 큰 은혜를 갚을 길이 없어 큰스님께 너무 죄송하기만 합니다.

"내가 의지했고
나를 지켜주신 스승"

_김동건(대산大山) 변호사

'조직된 불자'는 정말 불교계에 절실한 표현이다. 이구동성으로 단결된 불자의 필요성을 얘기하지만 그것을 실천해 내는 사람은 없었다.

몇 년 전 반가운 소식이 들렸다. 각계각층에서 활약하고 있는 불자들이 모이기 시작했다는 것이다. 오랜 시간 동안 각자의 분야에서 활약한, 말 그대로 전문가들이 하나둘 마음을 모았다. 그렇게 탄생한 것이 바로 불교포럼이다. 이웃종교의 재가조직에 비하면 아직 미약하지만 시간이 흐르면서 도약의 발판이 마련되고 있다.

사회와 함께하는 참여불교

불교포럼을 이끌고 있는 김동건(대산大山) 변호사님을 찾았다. 분 단위로 시간을 나눠 쓸 정도로 바쁜 변호사님이지만 맑고 밝은 얼굴은 항상 그대로다.

"2016년 말에 법무법인 '바른'에서 정년퇴임했습니다. 만 70세가 되었기 때문입니다. 후배들은 더 있어달라고 했지만 제가 물러나야 또 새로운 리더가 나오고 조직이 발전할 수 있다고 생각해 홀가분하게 나왔습니다."

2005년부터 '바른'을 맡아 국내 최고의 로펌으로 키운 변호사님은 이제 법무법인 '천우' 고문변호사로 후배들을 돕고 있다.

"이제는 변호사 일보다 사회활동을 더 많이 한다"는 변호사님이 수장을 맡고 있는 단체는 셀 수 없을 정도. 명함을 다시 봤다. 서울미디어대학원 대학교 이사장, 장욱진 미술문화재단 이사장, 세종문화회관 후원회장, 영국 케임브리지대학교 한국동문회장, 한국행정판례 연구회장, 불교포럼 상임대표 등. 변호사님이 이사급으로 참여하고 있는 단체는 헤아리기 어렵다.

이 중 가장 관심을 두고 있는 단체는 역시 불교포럼이다.

"2012년 2월 발족한 불교포럼은 일차적으로 우리 사회 각 분야에 흩어져 있는 전문가 그룹을 서로 엮어 네트워크를 구성하는 데 의의가 있습니다. 300여 명 정도 되는 각계각층의 리더들을 회원으로 모셨고 지금까지 27차례의 포럼과 해외 성지순례, 자비나눔 행사 등을 진행했습니다.

불교포럼은 원효 스님의 화쟁사상을 오늘에 되살려 다툼과 대립을 넘는 새로운 대안을 제시하면서 우리 사회의 갈등 비용을 줄이는 데 주력하고 있습니다. 불교지도자들의 주인의식과 애종심, 바른 사회 구현을 위한 열정이 한국불교를 중흥의 길로 이끌어나갈

자리를 같이한 불교포럼 참석자들.

것으로 믿고 있습니다."

변호사님은 참여불교재가연대 상임대표와 조계종 화쟁위원회 부위원장을 역임했다. 종단 안팎에서 재가불자들을 이끌고 있는 것이다.

"사회 각계 불자 지도자들의 대사회적 활동 확대와 불교의 대사회적 위상 강화에 기여하였고, 조계종 화쟁위원회 부위원장으로 헌신적인 위원회 활동을 통해 사회 갈등의 통합과 조정에 기여한" 공로를 인정받아 변호사님은 2014년 불자대상을 수상하기도 했다.

변호사님은 1970년 사법시험에 합격해 사법연수원을 수료하고 해군법무관으로 근무한 뒤, 1975년부터 서울민사지법 판사를 시작으로 대법원 재판연구관, 서울고법 부장판사, 법원행정처 기획조정실장, 수원지방법원장, 서울중앙지방법원장, 서울고등법원장 등을 역임하며 30여 년간 판사의 길을 걸었다.

"고등법원장까지 하고 판사생활 30년 했으면 기본적인 사고방식은 보수적일 거라고 생각하는데, 전혀 그렇지 않습니다. 저는 소수자들, 이단아들의 말에 항상 관심을 갖고 있습니다. 이런 사람들에게서 많은 아이디어가 나오고, 그것이 사회발전에도 큰 도움이 된다고 믿고 있습니다."

이런 생각 때문인지 변호사님은 불교계에 대한 애정과 쓴소리를 마다하지 않았다.

"종단 안팎에서 불교 현실을 볼 수 있었습니다. 가장 중요한 것은 종단이 안정되고 시스템화되는 것입니다. 사회 변화에 따라 이 부분은 어느 정도 자리가 잡혔다고 생각합니다. 그리고 또 중요한 것은 사회를 이끌 수 있는 불교가 되어야 한다는 것입니다. 지금처럼 종교가 사회에 끌려가서는 안 됩니다. 사회 기준에도 미치지 못하는 일들이 일어나서는 안 될 것입니다. 사회에 대안을 제시할 수 있고 국민에게 행복을 전할 수 있는 불교가 되기를 희망합니다."

첫 번째 스승, 탄허 스님

사회와 함께하는 참여불교를 강조한 변호사님의 불교 인연이 궁금해졌다. 변호사님은 탄허 스님을 통해 불교를 알게 됐다.

"1965년 서울대 법대에 들어가서 탄허 큰스님의 《금강경》 강의를 한두 번 들었습니다. 큰스님의 강의가 재밌었지만, 바로 불교에 관심을 가졌던 것은 아닙니다. 불교 관련 책으로는 이기영 박사님의 《원효 사상 연구》를 읽었습니다. 상당히 재미있어서 사회에 나온 후에도 이기영 박사님의 책은 자주 찾아봤습니다.

탄허 큰스님과의 인연은 사법시험에 붙고 난 뒤 절친하게 지내던 전창열, 명호근, 고준환 등 법대 선배들을 만나면서 다시 이어졌습니다.

1970년대 중반 큰스님께서 서울 개운사 대원암에서 강의를 하셨어요. 그때부터 저도 자주 큰스님 강의를 들었습니다. 큰스님께서는 《능엄경》을 비롯한 불교경전은 물론 《장자》《노자》《논어》 등에 관한 강의도 하셨습니다. 저와 같은 법조인뿐만 아니라 대학교수, 직장인 등 많은 재가자가 강의를 들었던 것으로 기억합니다."

변호사님이 서울대 법대 불교학생회인 '법불회法佛會'에 가입한 것은 아니었지만, 법불회 출신 선배들과 가까이 지내면서 자의 반타의 반으로 '준회원'이 되었다.

"큰스님께서는 당일 강의 내용을 칠판에 가득 적으셨습니다. 정말 깨끗하면서도 오자 하나 없이 메모를 하셨습니다. 저는 큰스님의 말씀을 열심히 받아 적었습니다. 탄허 큰스님은 선교율禪敎律에 뛰어나셨고 특히 교학敎學에 남달리 밝으셨습니다."

대원암 공부 후 변호사님은 오대산을 자주 찾았다. 월정사와 상원사는 물론 탄허 스님이 주석하던 방산굴에도 수시로 갔다. 당시 월정사 주지이던 희찬 스님은 변호사님 일행을 맞이하면서 "방산굴이 청와대다"라는 농담을 건네곤 했다.

"큰스님께서는 불교를 비롯한 종교이야기뿐만 아니라 민족의 미래에 대한 희망이나 발전 등에 관한 말씀도 많이 하셨어요. 시대가 긴 터널에 갇혀 어느 누구도 나서서 말을 하지 못할 때 큰스님은 거

개운사 대원암에서의 탄허 스님.

침없는 '할'을 많이 던지셨습니다. 보여주신 거지요

　변호사님은 탄허 스님을 모시면서 수행에도 집중했다.

내가 의지했고 나를 지켜주신 스승

"매일 하지는 못하지만 정신집중을 위해 집에 작은 부처님을 모셔두고 참선과 108배를 하고 있습니다. 1970년대 후반에는 백봉 김기추 선생님에게 참선을 배웠습니다. 일주일 정도 백봉 선생님께 법문을 듣고 참선을 했어요. 저에게는 너무 수준이 높은 말씀이어서 제대로 알아듣지는 못했지만 소중한 경험이었습니다.

그때 서울 배재고 영어 교사가 백봉 선생님에게 인가를 받는 장면을 봤습니다. 그 모습이 아주 인상적이었습니다. 저도 그것을 보고 발심해 참선을 해보려 했는데 잘 하지 못했습니다. 하하."

변호사님은 대전 유성의 학하리에 있는 자광사로도 탄허 스님을 자주 찾아뵙는 등 여러 인연을 따라 불교 공부에 매진했다. 1982년 영국 유학길에 올랐고, 케임브리지대학에서 유학 중이던 1983년에 그만 비보를 접했다.

"탄허 큰스님께서 열반하셨다는 소식을 들었어요. 영결식과 다비식에는 참석하지도 못했습니다. 지금 생각해도 너무 죄송한 마음뿐입니다. 그 후에 탄허불교문화재단을 만들어 지금도 이사로서 큰스님 일을 도와드리고 있습니다."

영원한 스승, 혜암 스님

탄허 스님이 열반에 든 뒤, 시간이 흘러 변호사님은 유학을 마치고 귀국했다. 공직생활을 이어갔지만 스승의 부재는 변호사님에게 감출 수 없는 시련이었다. 그러다 또 다른 스승을 만났다.

"북한산 승가사에 해인사의 큰스님이 법문하러 오신다는 소식을 들었습니다. 바람이나 쐬자는 심정으로 승가사에 갔어요. 그때 법상에 오르신 분이 바로 혜암 큰스님입니다. 덩치는 작지만 카랑카랑한 목소리로 좌중을 압도하는 법문을 하셨습니다. 내용은 주로 선에 관한 말씀이었고요. 중국과 한국은 물론 일본의 선사들까지 예로 들어 공부에 대한 말씀을 하셨습니다. 오랜만에 감명 깊게 들은 법문이었습니다.

법문을 들으면서 '저 어른은 내가 더 가까이서 모셔야겠다'는 생각이 들었습니다. 법문이 끝난 뒤 제가 자청해서 서울역까지 모셔다 드렸습니다. 가까이서 큰스님 말씀을 더 듣고 싶었기 때문입니다."

서울역에서 기차에 오르는 혜암 스님에게 변호사님은 "곧 원당암으로 찾아뵙겠다"는 약속을 했고 그 후 몇 차례 가야산을 찾았다.

혜암 스님을 스승으로 모시기로 다짐한 것을 부처님도 알았는지 변호사님은 1986년 대구지방법원 부장판사로 부임했다. 그때부터 변호사님은 자유롭게 해인사와 원당암에 다녔다.

"퇴근하고 무작정 큰스님께 간 적이 셀 수 없이 많습니다. 그때마다 큰스님께서는 한 시간 이상 저만을 위해 법문을 해주셨습니다. 높은 수준의 부처님 담론, 공부에 대한 말씀을 주로 해주셨습니다. 저에게 너무나 소중한 시간이었어요. 큰스님의 감로수 법문을 저만 들을 수 없어 제 가족들과 친구들 그리고 법원 직원들까지 데려갔습니다. 나중에는 원당암 철야 정진에도 참석했습니다. 참선공부를 원 없이 했습니다.

혜암 큰스님께서는 항상 '이뭣고' 공부를 하라고 강조하셨습니다. 화두를 하다가 잘 안되면 '내질러라'라고 하셨습니다. 점검을 할 때 어떤 질문을 받으면 그것이 무엇이든 머리에 떠오르는 것을 토해내라는 말씀이셨습니다. 그래야 점검이 될 수 있으니까요. 큰 스님께서 그렇게 강조를 하셨지만 저는 아직도 말문이 터지지 않고 있습니다. 하하."

대구지방법원에서 2년 10개월 근무하고 서울로 올라와 사법연수원 교수를 하면서는 제자들을 데리고 원당암에 갔다.

"사법연수원에 나르마법우회가 있습니다. 지도교수였던 저는 학생들을 데리고 오대산 상원사와 해인사 원당암에 정기적으로 다녔습니다.

한번은 원당암 철야 정진에 연수원생들을 데려갔습니다. 정진을 마치고 제자들이 졸고 있는 모습을 보신 큰스님께서 '수마를 이겨야 공부를 할 수 있다. 다들 가야산 정상에 갔다 오라'고 호통을 치셨습니다. 혼이 나고 가야산에 다녀오니 잠이 싹 달아났습니다. 그

원당암 텃밭을 일구고 있는 혜암 스님.

사이 큰스님께서는 텃밭에서 일을 하고 계셨습니다."

변호사님은 1993년 9월에 다시 대구고등법원 부장판사로 발령을 받았다. 가까이서 다시 혜암 스님을 모시게 된 것이다.

"1994년이 되면서 큰스님께서 자주 저를 부르셨습니다. 때로는 원당암에서 또 때로는 대구 시내 여관에서 큰스님을 뵈었습니다. 큰스님께서는 종단 제도와 관련한 질문을 하셨고 저는 그 말씀을 듣고 법적인 검토를 해드렸습니다. 나중에는 더 구체적으로 큰스님께서 질문을 하셨어요. 그래서 저는 큰스님의 말씀을 글로 다듬어 드렸어요.

나중에 알고 보니 그때 상황이 바로 1994년 개혁 국면이었어요. 저는 종단 사정을 전혀 몰랐어요. 만약 큰스님께서 종단 상황을 구체적으로 말씀하셨다면 더 적극적으로 도와드렸을 것입니다."

변호사님은 이처럼 주특기를 살려 혜암 스님을 외호했다. 혜암 스님이 종정에 추대된 뒤에도 자주 원당암에 갔다.

"한번은 제가 큰스님께 '원당암이 해인사보다 더 커지는 것 같다'고 농담을 하니, 큰스님께서는 '집이 있어야 수행자가 모인다'고 하셨습니다. 큰스님께서는 그만큼 출재가 수행자들이 언제라도 와서 공부하기를 바라셨습니다."

세월이 지나 변호사님이 법조인 불자들의 모임인 서초반야회 회장을 할 때 혜암 스님이 입적했다. "성지순례 도중 서산 간월암에서 일출을 보다 큰스님의 열반 소식을 들었다"고 한다. 변호사님은 곧바로 해인사로 내려와 혜암 스님의 영결식과 다비식을 함께했다.

"큰스님께서 열반하시기 얼마 전에 제주도에 가신 적이 있습니

혜암 스님의 다비식.

스승 혜암

다. 한 신도님 집에서 저도 큰스님과 같이 공양을 했는데 그때가 마지막 공양이 되리라고는 생각도 못했습니다."

김동건 변호사님은 '미다스의 손'이다. 서초반야회와 법무법인 '바른', 불교포럼 등을 이끌며 수치로 표현하지 못할 만큼 많은 질적·양적 발전을 이뤄냈다. 청년의 열정으로 활동하는 변호사님이 또 어떤 성과로 불자들에게 희망의 메시지를 던질지 기대된다.

변호사님에게 혜암 큰스님은 어떤 존재인가요?

제 옆에서 저를 지켜주셨고 또 제가 의지했던 영원한 큰 스승이십니다. 언제라도 찾아뵙고 가르침을 청할 수 있었던 어른이셨어요. 원당암에서 느꼈던 맑은 바람의 기운이 아직도 생생합니다.

저는 젊은 시절부터 항상 스승을 그리워했습니다. 그 때문인지 탄허 큰스님과 혜암 큰스님을 가까이서 모셨습니다. 수원에서 근무할 때는 묘엄 큰스님도 자주 뵀습니다.

스승님들께 배웠던 것들을 잘 정리해 이제 후배 불자들에게 돌려주도록 노력하겠습니다.

"평생 정법 수호에 진력하신
큰 어른"

_연기영(백월白月) 동국대 법대 명예교수

2017년 12월 6일 동국대 법학관 모의법정. 자리를 가득 메운 대중 앞에 연기영(백월白月) 교수님이 모습을 드러냈다. 1972년 입학 후 46년간 '동국맨'이었던 교수님이 정년퇴임을 앞두고 고별강연을 하기 위해 연단에 오른 것이다. 교수님은 이날 '4차 산업혁명시대의 법학의 과제'를 주제로 이야기보따리를 풀어놓았다. 언제나 시대의 흐름에 한발 앞서 학문적 과제를 제시했던 교수님답게 '4차산업혁명'을 강의의 주제로 잡은 것이다. 평소 교수님 스타일 그대로, 고별강연은 담백하게 진행됐다.

강연 후 교수님 연구실을 찾았다. 시간이 흘러서인지 연구실은 이미 정리가 시작된 뒤였다. 5톤 트럭 한 대 분량의 각종 서적을 옮겼지만 아직도 많은 책이 연구실을 지키고 있었다. 남아있는 책들과 함께 이야기를 시작했다.

연기영 교수님의 정년퇴임 기념 고별강연.

출가를 꿈꾸던 법학도

교수님은 모태불자였다. 교수님이 태어나기 전 세 명의 형은 어린 시절 세상을 떠났고 누나 두 명만 남아있었다. 부모님은 괴산 백마 산의 한 절에 다니며 간절하게 백일기도를 올린 끝에 교수님을 낳았다. 교수님 밑으로도 두 명의 남동생이 더 생겼다.

모태불자인 교수님이 종립宗立 대학에 입학하는 것은 전혀 어색하지 않았다. 청운의 꿈을 안고 동국대 법정대학 법학과에 입학해 법조인의 길을 서원했지만 정상적이지 않은 유신체제가 들어서면서 그 꿈을 포기했다. 생각과 달랐던 사회의 모습에 교수님은 적잖은 충격을 받았다고 한다. 이때 교수님의 복잡한 가슴속을 파고든 것은 출가였다. 불교대학 강의들이 눈에 들어왔다.

"당시 불교대 철학과 수업에서 김용정 교수님께서 하이데거

평생 정법 수호에 진력하신 큰 어른

의 《형이상학이란 무엇인가》를 강의하셨습니다. 내용이 좋았습니다. 철학을 통해 불교에 한 발 더 다가서는 계기가 되었어요. 결국 1975년도에 법학과를 졸업하고 불교학과 3학년으로 다시 편입했습니다. 불교학을 공부해서 스님이 되려고 했습니다. 불교학과에 다니면서 당시 기숙사이던 기원학사에 입방했습니다. 주중에는 학교에 다니고 주말에는 개운사에 나갔습니다. 그때 개운사 주지였던 월주 큰스님을 모시면서 '法海법해'라는 법명도 받았습니다."

3학년을 마치자마자 교수님은 1975년 12월 15일 가장 추운 겨울 날에 군에 입대했다. 1978년 6월 철원에서의 군 생활을 마치고 7월 초에 학교에 복귀한 교수님은 법정대 조교로 다시 '징발'됐다.

"그 당시 제가 존경하던 한상범 교수님께서 법정대 학장으로 부임하셔서 임시로 방학 기간 중에만 근무하기로 했는데, 그만 학교에서 8월말에 조교로 발령을 냈습니다. 그래서 불교학과로 복학하지 못하고 어쩔 수 없이 법학과 석사과정에 입학하게 되었어요. 하하. 출가를 하고 싶었지만 결국 인연이 그렇게 되었습니다."

교수님은 한상범 교수의 지도 아래 1980년 〈환경권의 법리에 관한 연구〉로 석사학위를 받았다. 그 후 독일 유학길에 올라 하이델베르크대학에서 독일어와 독일법 기본 과목을 이수한 뒤 1982년 괴팅겐대학으로 박사과정을 옮겨서 1984년 7월 〈결함 제조물에 대한 과실 책임과 위험 책임에 관한 연구〉로 법학 박사학위를 받았다. 1984년 8월 귀국해 한 학기 동안 강사를 한 후 모교 동국대 민사법 교수로 초빙되었다. 민사법 이외에도 서양법제사, 로마법, 법철학, 노동법 등 다양한 분야를 가르쳤다. 1985년 3월에 대우 조교수, 9월

정식 조교수가 되어 동국대에서 후학을 양성하기 시작했다.

그 후 교수님은 동국대 법대 학장을 비롯한 여러 소임을 맡았고 13권의 저서와 150여 편의 논문을 발표했다. 박사학위 논문 주제였던 제조물책임법에 관한 연구는 1989년 한국소비자원과 한국연구재단의 지원으로 개최된 국제학술대회를 통해 입법정책의 기본 방향을 제시했다. 또 한국스포츠엔터테인먼트법학회를 창립하는 등 여전히 활발한 활동을 펼치고 있다.

증명법사 추대를 위해 찾은 해인사 원당암

엄청난 학문적 성과 속에서도 교수님은 불자로서 부처님 법을 전하기 위한 활동에도 진력했다.

"모교에서 학생들을 가르치면서 자주 월주 큰스님을 찾아뵈었습니다. 평소 시민운동에 관심을 갖고 있어서 '경제정의실천시민연합(경실련)'에 들어가 활동했었는데, 그 당시 공동대표로 계셨던 월주 큰스님을 오랜만에 만나게 되었습니다. 하루는 큰스님께서 전화를 하셔서 영화사로 오라고 하셨어요. 달려갔더니 큰스님께서 '경제정의실천불교연합(경불련)'을 만들어보자고 하십니다. 그래서 그 당시 경실련에서 만난 이각범 교수, 박세일 교수와 세미나를 열고 실무 작업을 하면서 월주 큰스님, 용태영 변호사, 한상범 교수님을 모시고 경불련을 창립했습니다."

교수님의 활동 범위는 점점 넓어졌다. 한국교수불자연합회 창립에서도 중추적인 역할을 맡았다.

"경기대 고준환 교수님, 서강대 박광서 교수님과 만나 교수불자들의 모임을 만들자고 의견을 모았습니다. 새로운 불교지식인 운동을 펼쳐 불교가 사회적 대안을 제시할 수 있어야 한다고 생각했습니다. 처음 3명으로 출발했던 교수불자연합회는 40명이 되었습니다. 1987년 1년 동안 전국의 대학을 다 찾아다녔습니다. 원래 그해 겨울에 창립하려 했는데, 대통령 선거가 있어서 정치적으로 오해받을 소지가 있다는 의견이 제기되어 이듬해 2월에 공식 창립법회를 봉행했습니다. 남산 대원정사에 400여 명이 모여 출범을 알렸습니다. 초대회장은 고준환 교수님이 맡았고 저는 사무국장 소임을 보게 되었습니다."

한국교수불자연합회를 만들던 중 증명법사 추대 문제가 불거졌다. 교수불자모임을 여법하게 운영하기 위해서는 존경받는 선지식을 증명법사로 모셔야 했다. 증명법사 얘기가 나오자마자 의견은 당시 해인총림 부방장 혜암 스님으로 모아졌다.

"얘기를 나누던 교수님들 모두가 혜암 큰스님을 추천했습니다. 이견이 없었어요. 저는 큰스님의 존재를 몰랐습니다. 그래서 큰스님이 더 궁금했습니다. 도대체 어떤 분이시기에 교수님들이 주저 없이 추천을 하는지 궁금했어요. 그렇게 해서 해인사 원당암에 가게 되었습니다. 처음 간 원당암은 소박한 암자였습니다.

큰스님을 직접 친견하기 전에는 체격도 상당히 우람하고 위엄이 있어 감히 접근하기 어려운 분으로 생각하고 있었습니다. 그런데 처음 뵙는 순간 평소 상상했던 스님과는 판이한 모습을 보게 되었어요.

큰스님께서는 작은 체구임에도 굉장히 빛이 났습니다. 깡마른 몸이지만 유난히 눈빛이 맑고 깨끗하여 천진난만한 어린아이처럼 느껴졌습니다. 직관적으로 혜안이 있는 스님이라는 생각이 들었어요. 모든 것이 명쾌했고 통찰력도 대단했습니다. 수행을 많이 하셨다는 생각이 딱 들었습니다. 자상한 어버이같이 말씀하시지만 그 속에 엄청난 힘이 솟아오르는 것을 볼 수 있었습니다."

교수님이 원당암에 찾아온 이유를 혜암 스님에게 차근차근 설명했다.

"전국의 교수불자들이 마음을 모아 단체를 하나 만들었습니다. 큰스님을 증명법사로 모시고자 합니다."

"대단한 일을 하시네. 앞으로 잘 되길 기원하겠습니다."

원당암에서 혜암 스님을 모시고 거사님들과 함께한 교수님.

그렇게 혜암 스님은 교수불자연합회의 증명법사로 추대됐다. 이 인연 덕분인지 교수님은 2001년부터 4년간 교수불자연합회장을 역임하기도 했다.

혜암 스님을 친견한 후 교수님은 시간이 될 때마다 해인사 원당암을 찾았다.

"처음에는 진짜 눕지 않고 정진하는 장좌불와長坐不臥와 하루 한 끼만 먹는 일일일식一日一食을 하며 수행하시는지 확인하고 싶어서 큰스님 계신 곳을 찾아다녔습니다. 하하.

호기심으로 가서 철야 용맹정진을 자주 하다 보니 유발상좌가 되고 말았어요. 1996년부터는 재가불자들의 참선수행을 위해 달마선원을 신축하셨고, 그곳에서 재가불자들도 스님들과 똑같은 일정으로 정진했습니다. 큰스님께서는 매년 하안거, 동안거와 매월 첫째, 셋째 토요일에 철야 용맹정진에 직접 함께하시며 불자들의 공부를 지도하셨습니다. 선禪의 생활화, 대중화에 남다른 애정을 쏟으셨습니다. 한 사람에게라도 더 올바른 공부 방법을 가르쳐야 된다는 사명감이 투철하신 분이셨습니다.

큰스님께서는 다른 스님들이 가지고 계시는 권위적인 모습보다는 정법 선양을 위한 교화방편으로 늘 자상하고 부드럽게 가르침을 주셨습니다. 사회적 지위나 직업에 관계없이 누가 찾아와도 시간만 있으면 올바른 수행방법을 가르쳐주려고 애쓰시는 모습이 눈에 선합니다."

청정하고 맑은 지혜를 세상에 전하라

혜암 스님과의 인연이 깊어질수록 존경심도 커져갔다. 혜암 스님은 교수님에게 새로운 법명을 내렸다.

"1992년 3월부터 1994년 2월까지 미국 워싱턴주립대에서 연구년을 보내고 돌아왔습니다. 한국에 오고 얼마 후에 바로 종단개혁 불사가 진행됐습니다. 해인사와 서울을 분주히 오가시던 큰스님을 보좌해 드렸습니다. 큰스님께서는 그 누구보다 종단의 쇄신을 염원하셨습니다. 그렇기 때문에 앞장서서 대중을 이끄셨다고 생각합니다. 큰스님의 헌신과 대중의 간절함이 있었기 때문에 종단개혁 불사가 성공했습니다.

시간이 지나 1995년에 큰스님께서 저를 부르셨습니다. 큰스님께서는 제게 더 열심히 법학을 연구해서 청정하고 맑은 지혜를 사람들에게 전하라는 의미로 '白月백월'이라는 법명을 내려주셨습니다. 제게 과분한 법명이지만 큰스님의 가르침을 실천하려고 나름대로 열심히 노력하고 있습니다."

교수님은 1997년 독일 함부르크에서 열린 '한국의 달' 행사에 불교문화사절단 60여 명을 이끌고 갔다. 함부르크 주의 제안으로 한국의 불교문화를 소개하기 위해 각종 공연과 전시회 등을 중심으로 '한국불교문화예술제'를 기획하여 진행했다. 이 자리에서 한국불교의 정수인 '선'을 알리기 위해 혜암 스님의 주옥같은 법문을 들을 수 있는 법석을 마련했다.

"공연, 전시회도 있었지만 특히 혜암 큰스님 법문이 독일인들에게 대단한 감명을 주었습니다. 법문 후에 함부르크 시청 공연장을 가득 메운 관중이 기립박수를 보냈습니다.

가을의 독일 날씨는 주로 비가 많이 오고 음산합니다. 그런데 그 당시 행사 기간 동안에는 우리나라 가을처럼 화창했습니다. 함부르크 주정부의 관료들이 농담으로 '혜암 큰스님께서 한국의 좋은 날씨를 독일로 가져왔다'고 하는 것을 들었습니다.

함부르크에서 법문하시는 것을 보면서, 진정으로 큰스님은 온화하고 소박한 성품을 지니셨지만 활화산 같은 수행의 법력으로 가득 차있음을 느낄 수 있었습니다.

큰스님께서도 법문이 끝난 후 '독일 사람들이 내 말을 잘 알아듣는다. 독일 사람들 수준이 높아 한국 선불교에 대한 이해도가 뛰어나다'고 만족해 하셨습니다."

연기영 교수님은 혜암 스님을 가까이서 모시며 직접 보고 느꼈던 것들을 가감 없이 전했다. 혜암 스님을 온전하게 알 수 있는 일화들이 많았다.

"조계종 종정에 추대되시고 난 후에 도반들과 인사만 드리기 위해 원당암에 간 적이 있습니다. 그때 큰스님께서는 장장 7시간 동안 쉬지 않고 법문을 해주셔서 모두 놀랐습니다.

물 한 모금 마시지 않고 그동안 수행하면서 체험한 일화들을 소개하면서 시종일관 카랑카랑한 목소리로 말씀하셨습니다. 큰스님의 법문을 듣고 있으면 무엇보다도 공부에 대한 용맹심이 저절로 솟아나곤 했습니다.

큰스님을 자주 뵈면서 참으로 인간적이면서도 수행자로서의 자

혜암 스님 열반추모다례에서 헌화하고 있는 연기영 교수님.

평생 정법 수호에 진력하신 큰 어른

세를 잠시도 잊지 않으시는 것을 확인할 수 있었습니다."

교수님은 2018년 2월 정들었던 동국대에서 정년퇴임했다. 교수님은 "비록 학교생활에서 자유롭게 되었지만 불자로서의 삶은 이제부터 시작"이라며 웃었다. 누구보다 가까이서 혜암 스님의 가르침을 받았던 교수님의 인생 2막이 어떻게 펼쳐질지 궁금해진다.

교수님에게 혜암 큰스님은 어떤 존재인가요?

정법을 수호하는 큰스승이십니다. 큰스님께서는 정법수호正法守護를 제일 강조하셨습니다. 사리사욕에 치우쳐 삿된 법을 따라서는 안 된다고 여러 번 말씀하셨습니다. "부처님법을 지키는 사명감으로 살아야 한다. 목에 칼이 들어와도 나는 정법을 지킬 것이다"라고 하시던 모습이 생각납니다. 이와 함께 '파사현정破邪顯正' '배사자립背師自立' 말씀이 떠오릅니다. 1998년 종단사태 당시에는 특히 '배사자립'을 많이 말씀하셨습니다. 큰스님께서는 "진정으로 스승을 구하려면, 올바르지 않은 스승의 말씀도 때로는 배척할 수 있어야 한다"고 강조하셨습니다. 선사다운 말씀입니다.

큰스님께서는 또 제가 공부하는 사회법도 부처님법을 근본으로 삼아 연구하라고 하셨습니다. 부처님법도 그렇고 일반사회법도 이치에 맞으면 된다고 하셨어요. 제가 법과대학장을 맡고 있을 때 '惟愛法爲師(유애법위사)-정법을 사랑함으로써 스승으로 삼아라'라는 글씨를 하사하셨는데, 지금도 저의 가보로 간직하고 있습니다.